お金持ちのための

最強の相続

改訂新版

エクラコンサルティング
代表税理士
田中 誠
Makoto Tanaka

実務教育出版

お金持ちのための最強の相続

［改訂新版］

はじめに――納税額1／10も可能！　対策次第で相続財産はここまで残せる

親から子へ財産を引き継いでいくために、避けて通れないのが「相続」。相続は一生のうち、誰にでも一度は起こりうることです。

その際、受け継がれる財産には「税金」がかかります。このため、先祖伝来の土地を複数所有している大地主や、着実に業績を上げている中小企業の経営者にとっては、自分だけでなく親族を巻き込む「一大イベント」になってきます。

そこへきて、シニア世代から若い世代への財産移転の必要性から、国による相続税の大幅な改正が行われました。2015年1月1日以降、相続税の基礎控除が、それ以前と比べ4割も縮小されたのです。これにより、より多くの人に相続税が課税されることになり、相続税の課税件数は改正前の約2倍となる10万件を超える件数となっています。

一方で、相続税の最高税率が50％から55％へ引き上げられました。相続人一人あたり6億円を超える財産を持っている人には最高税率の55％が課税され、2億円超3億円以下の財産には、新たな税率区分として45％が設けられました。こうした改正により、現状で相続税が課税される人にはより多くの納税額が必要になってきます。つまり、これからは、自分たちの大切な資産を次世代へ確実に残すための「戦略」が必要な時代になったといえるのです。

しかし、相続の現場では、遺産分割と納税をないがしろにしていまだに行きあたりばったりの相続を行う方々がほとんどです。それによって、億単位の財産を持つ人たちでも納税資金が足りず、相続税を納めるために自宅までも失う人も少なくありません。つまり、多くの資産を持つ人は、持っていない人よりも節税に走り過ぎて分割と納税に失敗する傾向が高まっているといえるのです。

そういう人たちの周りには、正しい相続知識を備えたアドバイザーがほとんどいないのが現状です。多くの場合、お金持ちは相続対策をふだんお世話になっている顧問税理士に依頼します。しかし、顧問税理士には法人税のスペシャリストは多いものの、年数件しか相続の案件には携わったことがないという税理士が少なくありません。

相続には、相続税の知識だけでなく財産のほとんどを占める不動産の売買知識や評価方法、民法の知識や法人設立、生命保険の知識など、多岐にわたる知識が必要です。そうした相続に関する総合的な知識を駆使して、最適な節税方法を提案できるのです。

はじめまして。私は、相続税を専門に扱う税理士の田中誠と申します。

20年以上前から相続税、特に同族会社の事業承継に関わる案件に全国の税理士・会計士と共同で2000件以上の案件に携わってきました。相続財産の金額にして1兆円以上を扱い、4000億円以上の節税に成功してきました。いまも「日本で最も多くの相続案件に携わっている税理士」といっても過言ではないと思います。

私が相続税に携わったきっかけは、まさに偶然でした。税理士一家に生まれた私は、ゆくゆくは実家の税理士事務所を継ぐものと考えていました。しかし、若い頃からさまざまな税理士事務所に勤務し、相続税が払えず先代からの資産のほとんどを失ったり、もめていて財産をうまく分けられずに家族の絆が壊れていくケースを見ていくうちに、考えが変わっていったのです。

結局、相続において彼らがそのような悲惨な結末を迎えてしまう原因は、世の中の税理士のほとんどが相続に関して知識、経験ともに乏しいことにあるとわかりました。企業であれば、経営者の交代による事業承継が失敗し、事業の火を絶やしてしまったり、地主として地域に貢献してきた一族の歴史が絶えてしまったりするケースが数多く起きています。

そうした案件を少しでも減らし、先祖代々受け継がれてきた資産の継承や、社会に貢献する事業の保全に寄与したい。それが本書を執筆した理由です。

おかげさまで、私が相続アドバイスに携わった方々は、皆、資産を次世代にうまく引き継ぎ、家族や企業が望み通りの幸せを享受できています。

改めて、相続で悲惨な結末をたどってしまうケースと、資産を継承し家族・企業ともに円満なケースを比べてみると、前者は「戦略」がなく行き当たりばったりで対処しているのに対し、後者はきちんと戦略を持って対処していることがわかります。中でも共通しているのは、次世代に自分の財産を渡す側＝被相続人を中心として、受け取る側＝相続人とのチームワークが発揮できていることです。

最近は少なくなりましたが、「長子相続（家督相続制度）」といって長男がほとんどの財産を受け継ぎ、他の兄弟姉妹はハンコ代程度だけで落ち着いた戦前の民法の考え方では、いまは揉めることが多いのが事実です。

結局、生前から相続のことを家族で考え、被相続人をはじめ相続人全員で生前から相続のことを戦略的に準備していたチームには、素晴らしい恩恵がもたらされているということがわかりました。それは、みんなでたすきを渡しながらゴールを目指す「駅伝」に近いイメージだと考えた私は、駅伝（リレー）方式で相続を考えれば、相続問題はもっと身近に解決できるのではないかと思ったのです。

駅伝と同じように、相続にも長期的な視野に立った戦略が必要です。

相続が始まってからではできる対策も限られ、一時的なものしか活用できません。しかし、長期的な視点で戦略を立て、早くから準備をしていれば、納税額を半分にしたり、場合によっては1／10にすることも十分可能です。

先ほどもお話ししたように、資産家にとって相続は一大イベントです。しかし、いつ相続が起きるのかは誰にもわかりません。だからといって何の対策も講じなければ、問題は広がるばかりでしょう。しかし、一般的には父親が亡くなって始まる一次相続だけでなく、母親が亡くなってスタートする二次相続、現在の超高齢化社会においてはさらにその先の相続まで考えて対策を打つことで、問題を最小限にとどめ、資産をできるだけ多く残すことができるのです。

第1章では、いまだに知られていない相続税の実態についてお話しします。一般的に相続財産のほとんどが不動産で占められている中、不動産の知識もなく、相続税の申告経験もない顧問税理士に相談するとどうなるのかを、実例に沿って紹介していきます。実際に相続専門税理士に相談した場合とそうでない場合、どのくらい税効果が異なるのかがご理解いただけるでしょう。

第2章では、2015年からの相続税改正を「ビジネスチャンス」と捉える人たちの話を中心に紹介します。相続問題がクローズアップされたことに目をつけ、被相続人の財産を虎視眈々と狙っている人たちがいます。駅伝もそうですが、いわゆる「沿道のヤジ」が気になってしまっては、ゴールまでうまくたどり着くことができません。専門家に相談せず、ただ勧められるままに話に乗っていると大変なことになる、という事例を紹介します。

第3章では、いよいよ「駅伝方式」で資産を継承する方法を紹介していきます。相続には、財産を分割して納税するというゴールが必ず存在します。そのゴールに向かって、資産の保全や節税対策などをまとめていく作業が必要です。この章では、どのようなしくみでそうした方向性を整えていくべきかをご紹介します。

第4章では、長期的な相続の戦略を練るために、自分の資産状況をチェックしていきます。重要なのは、資産の大部分を占めているといわれる「不動産」の評価です。評価一つで、相続対策の全体的な方向性が変わってしまいます。また、事業を行っているケースでは、事業の時価総額についての評価をどのように行っていくかなどについても紹介していきます。また、同時に駅伝の象徴ともいえる「たすき（被相続人の資産・思い・事業理念）」を渡せる相続人が増えれば、税の負担も減るということもお話しします。

第5章では、いよいよ相続の戦略に基づいてたすきをつないでいく方法を紹介します。「たすき掛け（＝資産継承）」の基本的な戦略は贈与です。最初の「ランナー」である被相続人が、生前にいかに次世代へ贈与していくべきか、その戦略をご紹介します。

第6章では、相続財産の大部分を占める不動産の節税方法について紹介します。資産の大部分を占める不動産だからこそ、さまざまな優遇措置や特例が存在します。それをうまく有効活用した、たすきの掛け方をご紹介します。

第7章では、法人化による節税方法を紹介します。地主をはじめ、本書の読者対象である資産一億円以上の「お金持ち」は個人で不動産を所有しているケースが多いのですが、不動産は、所有するだけでさまざまな税金が課税されます。個人では、毎年発生するコストを減らす経費も認められにくく、不動産から得られる家賃収入などの収益を節税する方法も限られています。しかし、不動産を法人名義にして法人化することにより、毎年のコストを大幅に節税することができます。その方法をご紹介します。

第8章では、被相続人の意志を「遺言書」という形で次世代につなぐ方法をお話しします。遺言は法律文書なので書式がありますが、いい加減に書いてはきちんと伝わりません。公証人役場で証人立会いのもとに書く公正証書遺言の作成方法などをご紹介します。

昨年の1月から今年の7月まで、4回に分けて行われている法律の改正内容については16、17ページにまとめていますが、おもに相続により不利な立場に立たされやすかった方々の権利を保護する目的の改正であることから解説は最小限ににとどめ、本書の想定読者層であるいわゆる富裕層・準富裕層の方々のために、前著が刊行されてから3年半の間に変更になった「資産防衛」により役立つであろうノウハウを中心に改訂しました。

本書の目的である「財産を最大限に残し、残す側（被相続人）と受け取る側（相続人）の双方が最大限に幸せになるための相続方法」を一人でも多くの方に実践し、達成していただけることを心から祈っています。

相続専門税理士　田中誠

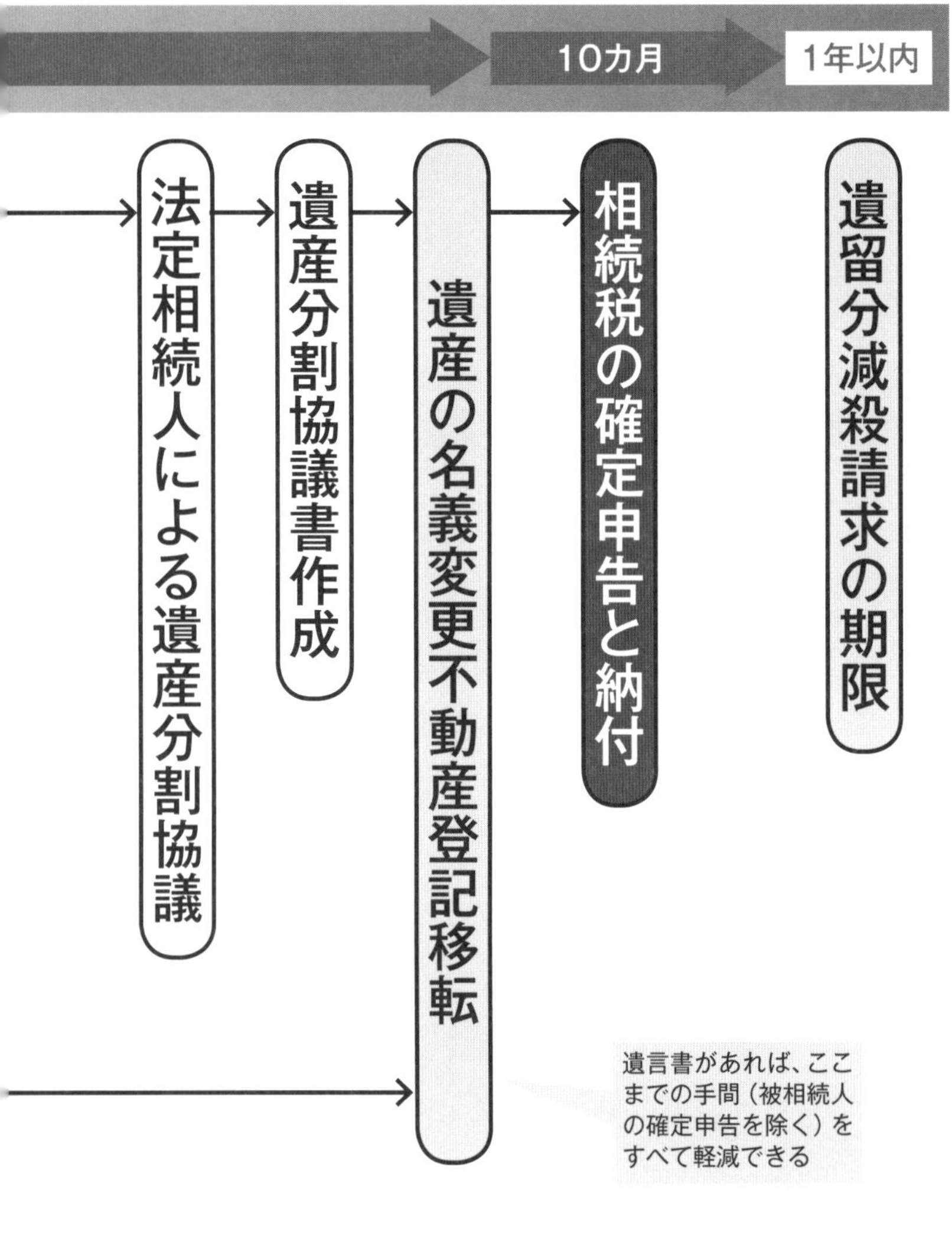
10カ月
1年以内
法定相続人による遺産分割協議
遺産分割協議書作成
遺産の名義変更不動産登記移転
相続税の確定申告と納付
遺留分減殺請求の期限
遺言書があれば、ここまでの手間（被相続人の確定申告を除く）をすべて軽減できる

相続フローチャート

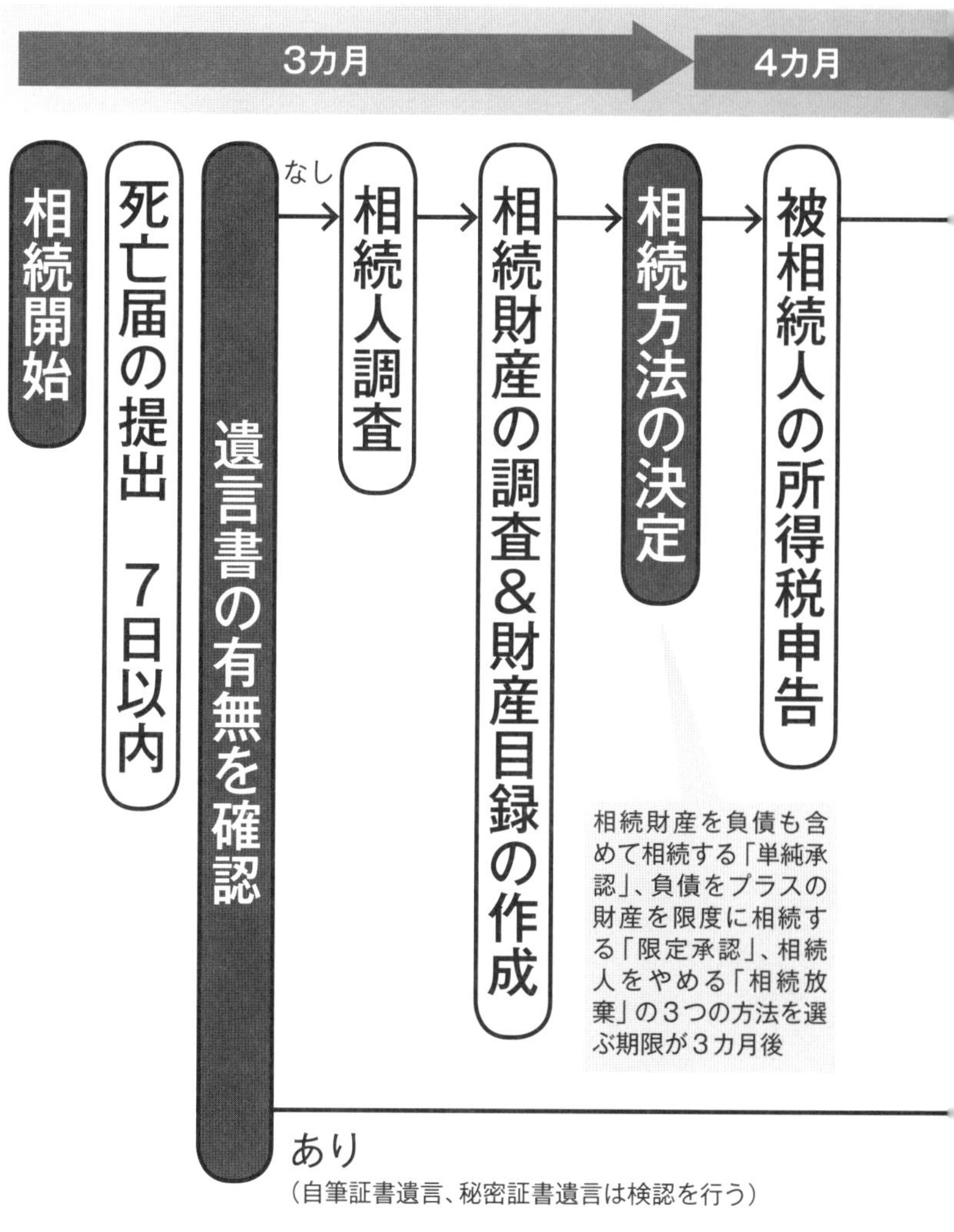
3カ月
4カ月
相続開始
死亡届の提出　7日以内
遺言書の有無を確認
なし
相続人調査
相続財産の調査&財産目録の作成
相続方法の決定
被相続人の所得税申告
相続財産を負債も含めて相続する「単純承認」、負債をプラスの財産を限度に相続する「限定承認」、相続人をやめる「相続放棄」の3つの方法を選ぶ期限が3カ月後
あり
（自筆証書遺言、秘密証書遺言は検認を行う）

相続税速算表

相続税の税率と控除額		
課税遺産×各相続人の法定相続分	税率	控除額
1,000万円以下	10%	−
3,000万円以下	15%	50万円
5,000万円以下	20%	200万円
1億円以下	30%	700万円
2億円以下	40%	1,700万円
3億円以下	45%	2,700万円
6億円以下	50%	4,200万円
6億円超	55%	7,200万円

相続税額早見表

単位：万円

相続税額早見表								
課税価格	配偶者がいる場合				配偶者がいない場合			
	子1人	子2人	子3人	子4人	子1人	子2人	子3人	子4人
5000万円	40	10	0	0	160	80	20	0
1億円	385	315	263	225	1,220	770	630	490
2億円	1,670	1,350	1,218	1,125	4,860	3,340	2,460	2,120
3億円	3,460	2,860	2,540	2,350	9,180	6,920	5,460	4,580
4億円	5,460	4,610	4,155	3,850	14,000	10,920	8,980	7,580
5億円	7,605	6,555	5,963	5,500	19,000	15,210	12,980	11,040
6億円	9,855	8,680	7,838	7,375	24,000	19,710	16,980	15,040
7億円	12,250	10,870	9,885	9,300	29,320	24,500	21,240	19,040
8億円	14,750	13,120	12,135	11,300	34,820	29,500	25,740	23,040
9億円	17,250	15,435	14,385	13,400	40,320	34,500	30,240	27,270
10億円	19,750	17,810	16,635	15,650	45,820	39,500	35,000	31,770
20億円	46,645	43,440	41,183	39,500	100,820	93,290	85,760	80,500
30億円	74,145	70,380	67,433	65,175	155,820	148,290	140,760	133,230

贈与税速算表

課税価格（基礎控除後）	20歳以上の子・孫が受贈した場合		一般税率	
	税率	控除額	税率	控除額
200万円以下	10%	なし	10%	なし
200万円超　300万円以下	15%	10万円	15%	10万円
300万円超　400万円以下			20%	25万円
400万円超　600万円以下	20%	30万円	30%	65万円
600万円超　1,000万円以下	30%	90万円	40%	125万円
1,000万円超　1,500万円以下	40%	190万円	45%	175万円
1,500万円超　3,000万円以下	45%	265万円	50%	250万円
3,000万円超　4,500万円以下	50%	415万円	55%	400万円
4,500万円超	55%	640万円		

贈与税額計算例

単位：万円

課税価格（基礎控除後）	20歳以上の子・孫が受贈した場合	一般税率
	税額	税額
200万円	20	20
300万円	35	35
400万円	50	55
600万円	90	115
1,000万円	210	275
1,500万円	410	500
3,000万円	1,085	1,250
4,500万円	1,835	2,075
1億円	4,860	5,100

相続に関する改正点

施行日	改正点	改正内容
2019年1月13日	①自筆証書遺言の方式緩和	自筆証書遺言について、財産目録部分は手書きで作成する必要がなくなる
2019年7月1日	②婚姻期間が20年以上の夫婦間における居住用不動産の贈与等に関する優遇措置	婚姻期間が20年以上である夫婦間で居住用不動産の遺贈又は贈与がされた場合、居住用不動産は遺産分割の対象となる相続財産とはみなされなくなる
	③預貯金の払戻し制度の創設	預貯金が遺産分割の対象となる場合、各相続人は遺産分割が終わる前でも、一定の範囲で金融機関から預貯金の払戻しを受けることができるようになる
	④遺留分制度の見直し	遺留分を侵害された者は、遺贈や贈与を受けた者に対し、遺留分侵害額を金銭で請求することができるようになる
	⑤特別の寄与の制度の創設	相続人にならない親族が、無償で被相続人の介護等を行った場合、相続人に対して金銭の請求をすることができるようになる
2020年4月1日	⑥配偶者居住権の新設	配偶者が相続開始時に被相続人所有の建物に居住していた場合、配偶者は遺産分割において配偶者居住権を取得することにより、終身又は一定期間その建物に無償で居住することができるようになる
2020年7月10日	⑦法務局における自筆証書遺言の保管制度の創設	遺言者の死亡後、相続人や受遺者らは、全国にある遺言書保管所において、遺言書が保管されているかどうかを調べたり、遺言書の写しの交付を請求することができるようになる

民法（相続法）改正は、昭和55年（1980年）以来の抜本的な改革といわれています。厚生労働省のデータによれば我が国の平均寿命は、この40年間で男性は約7歳、女性は約9歳長くなっており、少子高齢化が進むことは社会保障を取り巻く環境において問題になっています。婚姻関係のありかたにおいても、離婚と再婚に柔軟な考え方が広まることで、高齢者同士が再婚して希望をもって新たな人生を歩み始めることが珍しくなくなりました。その一方で、老々介護などの深刻な問題も顕在化しています。

相続に目を向けますと、相続開始時における配偶者の年齢が高くなっており、高齢の配偶者は収入を得る術が限られていることから生活を保護する必要性が大変高いと言えます。

右ページにある今回の相続に関する法律の見直しにおいては、残された配偶者の生活に配慮する観点から配偶者の居住の権利を保護するため、②「婚姻関係が20年以上の夫婦間における居住用不動産の贈与に関する優遇措置」や⑥「配偶者居住権」を設けるほか、遺言を利用しやすくする観点から①「自筆証書遺言の方式緩和」や⑦「法務局における自筆証書遺言の保管制度」を創設しており、まさに社会経済情勢の変化に対応するための見直しと考えられます。

一方で税法の視点から考えると、配偶者居住権や遺留分侵害額請求権については関連する税法規定が未だ明らかでないと思われる部分があり、今後の法整備が注目されます。

目次

第1章
「相続に強い税理士と弱い税理士」の違いを理解する

第2章 「沿道のヤジ」に振り回されると資産を失う

第3章
資産をつないでくれる「駅伝メンバー」を熟知する

第4章

資産を最大限残す「駅伝式相続法」をマスターする

第5章

あらゆる方法で「たすき」という名の財産を渡し続ける

第6章 「不動産の特例」を活用して合法的に資産を圧縮する

第7章

「法人化」でたすきをより太く長くする

第8章

「遺言書」でたすきを確実に次世代へ手渡す

第1章

「相続に強い税理士と弱い税理士」の違いを理解する

相続税の実質増税で、10人に1人が相続税を支払うことに!?

2015年1月1日から、相続税が実質的に増税となりました。「実質的に」というのは、**基礎控除**の額が減ったからです。

2015年1月1日以前の基礎控除額は、「5000万円+法定相続人の数×1000万円」でした。日本の標準世帯である、夫婦に子ども2人の計4人世帯の場合、両親のどちらかが亡くなって相続が発生すれば、法定相続人は3人。つまり、5000万円+3000万円=8000万円の基礎控除があったということです。

ところが、2015年1月1日以降の基礎控除額は、「3000万円+法定相続人の数×600万円」となります。同じように法定相続人を3人として計算すると、3000万円+1800万円=4800万円。**2015年以前と以降とでは、基礎控除は金額にしてなんと4割も減ることになりました。**

相続税改正前後で、基礎控除額はこれだけ変わった！

改正前

5000万円＋（1000万円 × 法定相続人の数）

夫婦＋子ども２人世帯……5000万円＋3000万円＝8000万円

改正後

3000万円＋（600万円 × 法定相続人の数）

夫婦＋子ども２人世帯……3000万円＋1800万円＝4800万円

４割も減額。資産が４８００万円以上の家は納税対象になる可能性大！

これまで相続税を支払っていた人は、２０１１年では発生した人全体の約４％しかいませんでした。基礎控除額が高かった分、相続税を実質的に免除されていたケースがほとんどだったのです。

ところが、２０１５年からは基礎控除が４割も減らされたために、**相続税を支払う人が倍の８％に増えました。**

ちなみに、国税庁の最新の調査では２０１７年の**被相続人**数（死亡者数）は約１３４万人、このうち相続税の課税対象となった被相続人数は約11万１０００人（２０１４年度は５万６０００人）で、課税割合は２０１４年で４・４％。２０１７

年は8・3％ですから、2014年よりも3・9％、約5万5000人増加したことになります。確実に課税割合は上がっているのです。すでに高齢化社会の真っただ中にある日本では、確実に死亡者数が増えていきますから、課税割合も自然増で増えていき、さらに相続税を支払う人が増えていくことは避けられない状態にあります。

また相続税改正において、3億円超の相続財産を持っている人は税率自体が上がりました。特に、相続人一人あたり6億円超の財産を相続する場合、最高税率の55％が課税されることになります。こうしたことから、**特に地価の高い東京23区内では相続税を支払う人は15％以上に上るのが実情です。**

32・33ページに、「首都圏相続税危険度一覧」を掲載しています。東京・神奈川・埼玉・千葉で戸建て住宅や土地を持っている人を対象に**路線価**で単純に計算した結果、相続税の納税義務が発生する可能性のあるエリアを色分けしたものです。

これを見ると、東京23区では、相続税の納税義務が特に発生しやすい危険地域は、文京区・千代田区・中央区・港区・渋谷区・目黒区・品川区・世田谷区・中野区など、路線価の高い都心とその周辺であることがわかります。

一方、東京近郊の地域の代表例として、神奈川県の相続税の納税義務が発生しやすい地域を見てみましょう。横浜の中心地域と大田区や世田谷区に接した中原区、高津区エリアの危険度が非常に高くなっています。

同じように埼玉、千葉なども主要駅の中心周辺の地域や東京23区に接している地域の路線価が高く、相続税発生率の高い地域として考えられています。

23区内に土地を持っていなくても、路線価次第では相続税が課税される可能性があるということがお分かりいただけたかと思います。駅周辺に代々受け継がれてきた土地があるという地主の方は、今回の相続税の実質的な増税で相続税が課税される可能性が非常に高いということを、肝に銘じておく必要があります。

首都圏の相続税危険度ランキング

超危険　路線価50万円～／㎡エリア
危険　路線価30～50万円／㎡エリア
注意　路線価15～30万円／㎡エリア

(単位：円/㎡)

都道府県名	市区名	標準地数	平均価格	上位の公示価格	平均路線価
東京都	千代田区	7	2,358,600	3,480,000	1,886,880
	港区	27	1,508,900	3,350,000	1,207,120
	中央区	9	1,108,700	1,730,000	886,960
	渋谷区	26	1,054,000	1,750,000	843,200
	目黒区	31	811,000	1,780,000	648,800
	文京区	24	788,800	1,410,000	631,040
	台東区	6	740,000	1,380,000	592,000
	新宿区	29	661,100	957,000	528,880
	品川区	30	661,000	1,100,000	528,800
	世田谷区	107	544,100	816,000	435,280
	都区部平均	873	524,100	3,480,000	419,280
	武蔵野市	20	499,500	820,000	399,600
	豊島区	23	499,200	690,000	399,360
	中野区	27	497,500	749,000	398,000
	大田区	56	478,000	1,100,000	382,400
	杉並区	63	467,600	608,000	374,080
	北区	30	406,600	1,020,000	325,280
	江東区	27	400,900	556,000	320,720
	荒川区	16	385,800	715,000	308,640
	三鷹市	31	373,500	588,000	298,800
	墨田区	11	368,300	473,000	294,640
	板橋区	47	364,500	506,000	291,600
	練馬区	93	351,800	500,000	281,440
	調布市	40	318,800	482,000	255,040
	国立市	11	317,500	440,000	254,000
	江戸川区	70	311,900	406,000	249,520
	小金井市	19	309,300	398,000	247,440
	狛江市	12	293,900	346,000	235,120
	葛飾区	45	286,900	401,000	229,520
	府中市	45	279,300	450,000	223,440
	国分寺市	16	273,000	342,000	218,400
	西東京市	31	270,400	359,000	216,320
	足立区	69	264,300	649,000	211,440
	立川市	30	233,700	370,000	186,960
	小平市	34	220,000	299,000	176,000
	東久留米市	22	207,100	326,000	165,680
	稲城市	26	204,700	258,000	163,760
	多摩市	32	183,500	259,000	146,800
	日野市	36	183,400	245,000	146,720
	東村山市	22	180,300	249,000	144,240
	清瀬市	15	179,300	270,000	143,440
	昭島市	19	178,300	245,000	142,640
	東大和市	21	165,100	220,000	132,080
	福生市	11	158,600	217,000	126,880
	町田市	80	155,700	298,000	124,560
	羽村市	9	138,800	187,000	111,040
	武蔵村山市	16	121,000	154,000	96,800
	八王子市	125	114,500	273,000	91,600
	あきる野市	21	98,000	163,000	78,400
	青梅市	28	97,400	177,000	77,920
神奈川県	中区	15	311,400	553,000	249,120
	港北区	44	281,700	500,000	225,360
	西区	8	258,400	307,000	206,720
	鶴見区	28	249,300	330,000	199,440
	神奈川区	24	243,300	315,000	194,640
	横浜市	489	218,400	553,000	174,720
	緑区	25	210,200	302,000	168,160
	南区	19	206,600	256,000	165,280
	港南区	34	196,300	289,000	157,040
	泉区	25	191,400	272,000	153,120
	保土ケ谷区	27	185,700	248,000	148,560
	戸塚区	40	184,600	395,000	147,680
	磯子区	19	184,100	230,000	147,280
	旭区	31	181,600	239,000	145,280
	金沢区	32	179,700	257,000	143,760
	瀬谷区	24	170,900	215,000	136,720
	栄区	22	169,900	269,000	135,920
埼玉県	浦和区	19	266,200	400,000	212,960
	蕨市	6	238,300	285,000	190,640
	中央区	15	237,100	313,000	189,680
	大宮区	16	235,200	323,000	188,160
	南区	19	233,700	324,000	186,960

埼玉県	和光市	10	229,800	318,000	183,840
	朝霞市	18	222,900	300,000	178,320
	志木市	7	221,900	278,000	177,520
	戸田市	15	217,300	259,000	173,840
	川口市	92	191,700	514,000	153,360
	さいたま市	152	182,800	400,000	146,240
	新座市	20	180,700	295,000	144,560
	ふじみ野市	11	164,100	235,000	131,280
	所沢市	50	163,100	287,000	130,480
	北区	21	161,400	300,000	129,120
	富士見市	13	161,200	248,000	128,960
	緑区	16	156,500	220,000	125,200
	桜区	9	156,300	209,000	125,040
	川越市	49	131,200	251,000	104,960
	草加市	31	129,400	202,000	103,520
	越谷市	31	126,400	198,000	101,120
	八潮市	11	119,300	153,000	95,440
	上尾市	30	113,100	158,000	90,480
	見沼区	16	111,500	168,000	89,200
	三郷市	15	109,100	149,000	87,280
	狭山市	24	108,100	164,000	86,480
	西区	8	104,400	128,000	83,520
	入間市	23	101,600	169,000	81,280
	鶴ケ島市	12	93,000	163,000	74,400
	桶川市	14	92,300	123,000	73,840
	吉川市	5	90,500	127,000	72,400
	坂戸市	13	90,200	128,000	72,160
	蓮田市	11	88,300	119,000	70,640
	春日部市	34	86,900	137,000	69,520
	飯能市	14	86,400	116,000	69,120
	北本市	13	86,200	121,000	68,960
	白岡市	7	83,800	113,000	67,040
	岩槻区	13	80,900	113,000	64,720
	鴻巣市	22	67,000	108,000	53,600
	久喜市	28	60,300	117,000	48,240
	東松山市	14	54,500	100,000	43,600
	熊谷市	25	53,700	95,600	42,960
	日高市	8	51,100	78,400	40,880
	幸手市	6	47,900	63,000	38,320
	行田市	17	36,200	64,200	28,960
	加須市	24	34,500	54,800	27,600
	羽生市	14	30,400	46,800	24,320
千葉県	浦安市	20	261,600	308,000	209,280
	市川市	61	204,400	331,000	163,520
	美浜区	9	158,600	168,000	126,880
	習志野市	22	145,900	270,000	116,720
	船橋市	84	141,900	290,000	113,520
	稲毛区	30	135,100	257,000	108,080
	松戸市	70	132,000	236,000	105,600
	花見川区	35	124,700	233,000	99,760
	流山市	25	122,500	212,000	98,000
	中央区	40	119,100	280,000	95,280
	千葉市	154	113,900	280,000	91,120
	柏市	78	107,800	250,000	86,240
	八千代市	31	101,000	158,000	80,800
	鎌ケ谷市	17	86,300	118,000	69,040
	我孫子市	32	80,500	183,000	64,400
	若葉区	26	79,300	126,000	63,440
	白井市	9	71,600	97,000	57,280
	佐倉市	37	63,200	104,000	50,560
	緑区	14	62,000	100,000	49,600
	四街道市	17	61,600	96,500	49,280
	野田市	31	58,200	81,000	46,560
	成田市	26	46,600	104,000	37,280
	市原市	53	44,900	88,600	35,920
	印西市	16	39,400	73,100	31,520
	袖ケ浦市	13	38,800	60,000	31,040
	富里市	6	37,700	62,100	30,160
	君津市	20	31,800	41,800	25,440
	木更津市	37	30,100	50,000	24,080
	富津市	10	17,500	24,800	14,000

上記表の平均路線価は、平成28年地価公示価格の約80%として推計した。

公示地価とは…地価公示法に基づいて、国土交通省土地鑑定委員会が、適正な地価の形成に寄与するために、毎年1月1日時点における標準地の正常な価格を3月に公示（平成28年地価公示では、25,270地点で実施）する。

不動産で相続財産を所有している人は要注意！

また、財産のほとんどを不動産で所有している人は納税時、特に気をつける必要があります。**相続税が課税される人の多くは、課税対象となる相続財産を不動産で所有している割合が多いことが、左ページの統計資料から分かっています。**

たとえば、２０１７年の相続財産の内訳を見ると、土地が36・５％、家屋５・４％、有価証券15・２％、預貯金等31・７％、その他11・２％となっています。つまり、多くの人が不動産を持って相続を迎えることになるのです。

財産の多くを不動産で所有してきた背景にあるのは、バブル期の相続税対策です。90年代初頭までは「不動産さえを持っていれば、いざという時に売って現金にして納税資金を確保できる」という考えの人たちが多かったのです。

もう一つの大きな要因として、土地・建物の時価と相続税評価額の乖離が５：１くらいの比率になっていたことがあげられます。現金なら一億円だが、不動産を買えば

2000万円の評価になるならそうしよう、と考えたのです。

その動きを見た国は、「土地に逃げた資金で税金を減らそうなどもってのほか」とばかりに、土地の相続税評価を上げること（課税強化）にしました。

しかし、その後バブルが崩壊して急激に地価が下落しました。ところが今度は、地価が下がっても、相続税の計算に用いられる路線価はそれほど下がりませんでした。このため、不動産を売っても予定通りの納税資金が足りなくなる人たちが続出したのです。

やむなく、政府は不動産で納めるための**物納**という制度に特例を認めたり、延納・物納制度の整備を図りました。相続破産する人たちを救済する方向にかじを切ったのです。

相続財産の内訳

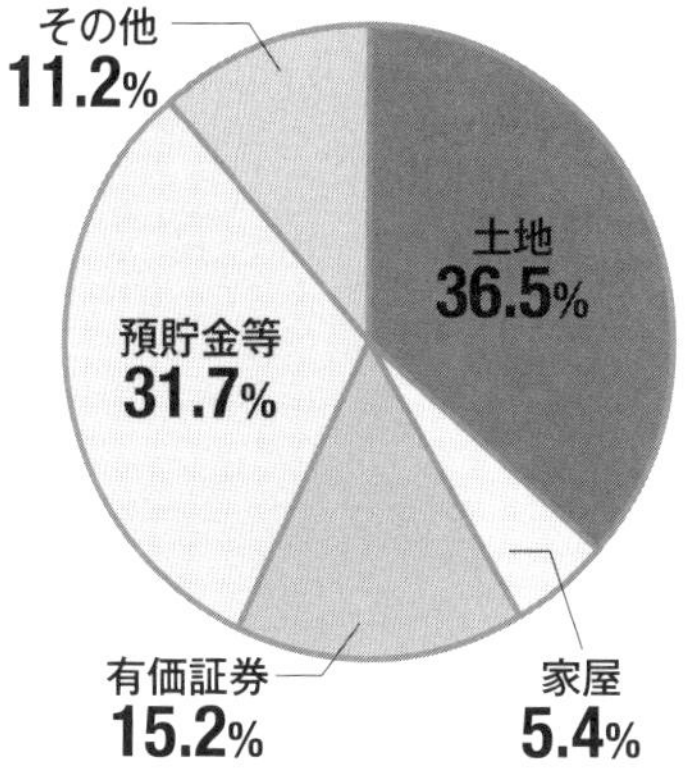

※平成29年度の相続税申告状況　国税庁HPより

37ページにあるグラフを見てください。公示地価が下がっているのとは対照的に、基礎控除額が大きく引き上げられています。不動産バブルで相続破産が増え、土地の時価が急降下したため、基礎控除額を上げて相続税を実質的に減税したのです。

そういった時代背景があったため、いまだに財産を土地で所有し、土地を売って相続税を納めればいいという「土地神話」を信じている人たちがたくさんいます。

ところが、いまの国の方向性は法人税率を下げる代わりに、個人に対しての所得税率と相続税率は上げ、さらに基礎控除額を大きく減らしました。多くの人が課税される可能性があるいま、正しい相続税対策を取らなければ、財産を後世に残していくことは非常に難しい状態にあるのです。

顧問税理士に相続税を任せてはいけない！

実質的な増税に備え、大切な資産を守り次世代につなげていくためにも、正しい節税対策を考えないといけません。しかし、相続税の申告を多く手がけているか、事前の対策に慣れている税理士（以降、**相続専門税理士**）でないと納税の時に多くの資産を失ってしまうケースがあります。

「地価公示指数の推移と相続税の改正」

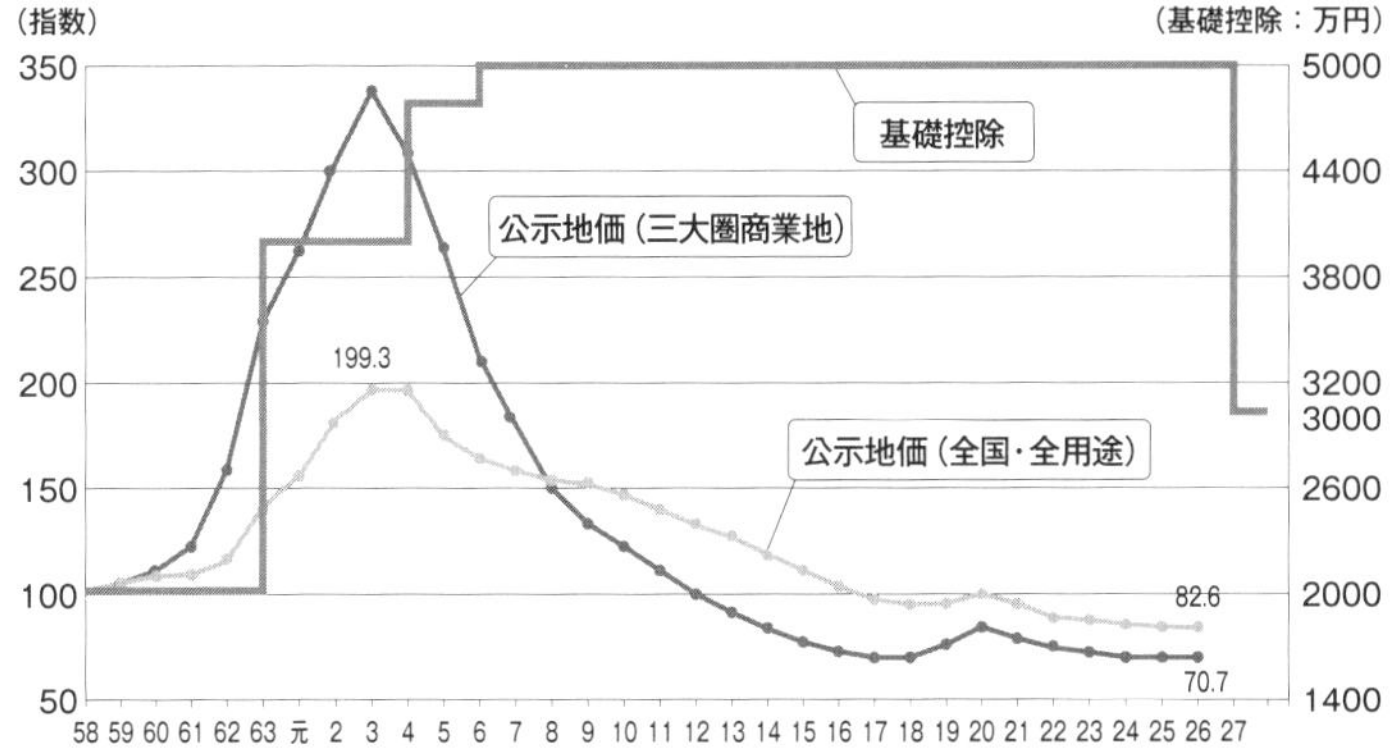

※財務省資料より

ここで、一つ実例をお話ししましょう。Aさんは、東京近郊に住む地主の一族です。5人の兄弟がおり、父親はすでに他界していました。父親が亡くなった時の**一次相続**では、母親が**配偶者の税額軽減規定**を活用し、なんとか現金で相続税を払うことができたものの、残ったのは不動産だけになりました。

「配偶者の税額軽減規定」とは、被相続人の配偶者が財産を相続しやすいように作られた制度です。法定相続分あるいは相続財産の1億6000万円までは非課税となる、非常に控除枠が大きい制度です。これに、前述した基礎控除が加わります。しかし、母親が引き継いだ財産を子どもが相続する**二次相続**ではそうはいきません。

結局、二次相続において、相続人には億単位の相続税が課税されることになりました。相続することになる財産はほとんどが不動産。Aさんの兄弟も納税資金など持っていません。そこで、父親の代から付き合いのある顧問税理士に相談することにしました。

ところが、その税理士は法人税の申告は得意でしたが相続税の申告は不慣れで、その納税に対しても何の対策も打つことができないまま、相続が発生してから10か月後、相続税の申告と納税の時期が来てしまいました。その間、土地の価格が徐々に下落し、路線価での評価と大きな差が出ていました。結局、Aさんは泣く泣く所有していた土地のほとんどを売却し、納税するはめになったのです。

相続税の専門税理士に任せていますか？

この件では、相続専門税理士であれば迷わず「物納」を選んだと思います。

物納とはその名の通り、現金ではなく株式や不動産などの現物で納税することです。

相続における物納といえば、故・田中角栄元首相のケースが知られています。田中角栄氏の遺産総額は、119億4000万円。最終的に相続税は約65億円にものぼりました。

それを奥さんの田中はなさんと長女の眞紀子さん、養子となった直紀さん、その他相続人2人の合計5人が相続しました。

もちろん、田中さんは預貯金で全資産を保有していたわけではありません。納税資金をどうやって調達するかが問題になったことは、容易に想像できます。しかし、田中家の相続は相続税の専門税理士に依頼していたため、最も合理的な物納という方法を選ぶことができたのです。

どの土地を物納するのか検討が行われ、田中家は最終的に目白台に所有していた広大な土地の半分を物納しました（現在、その土地は「目白台運動公園」として知られています）。現在はできるだけ現金で納税させようと、物納の条件が厳しくなっていますが、まったく活用できないわけではありません。

Aさんの事例のように、相続が発生した時の路線価の評価が高く、相続税を申告するまでの10か月の間に市場価格が下がっていくケースであれば、売って現金化するよりも、物納の方が結果的に賢く税金を納めることができます。

地主には複数の土地を所有している人が多く、中には**不整形地**だったり、道路が狭く市場価値の低い土地だったり、**地積規模の大きな宅地**といって、宅地として活用するには広すぎて、開発しないと売れない土地があるかもしれません。そういう土地でも、一定の基準を満たすことで物納することが可能です。Aさんの顧問税理士がそのことを少しでも知っていたら、相続税を大きく減らすことができたと思いますし、納税もきちんと終わらせることができた可能性は高いでしょう。

相続に弱い税理士が引き起こす、節税対策の悲劇

もう一つは、2013年に実際に私が携わった例です。

とある63歳の女性が、独身で子どものいない妹さんが病気で亡くなったため相続が発生し、相続税がかかるかもしれないということでご相談にみえたのです。

妹さんは30年以上公務員を勤めあげ、定年退職したばかり。退職金や1985年に他界されたお父様の相続財産もあり、資産は預貯金を中心に1億1000万円もありました。91歳でご健在のお母様も節約されていたのでしょう、お父様から相続した資産5000万円をお持ちでいらっしゃいました。今後増えるであろう、90歳以上の親が健在で子どもが先に亡くなるケースです。

兄弟姉妹に直接相続して、節税

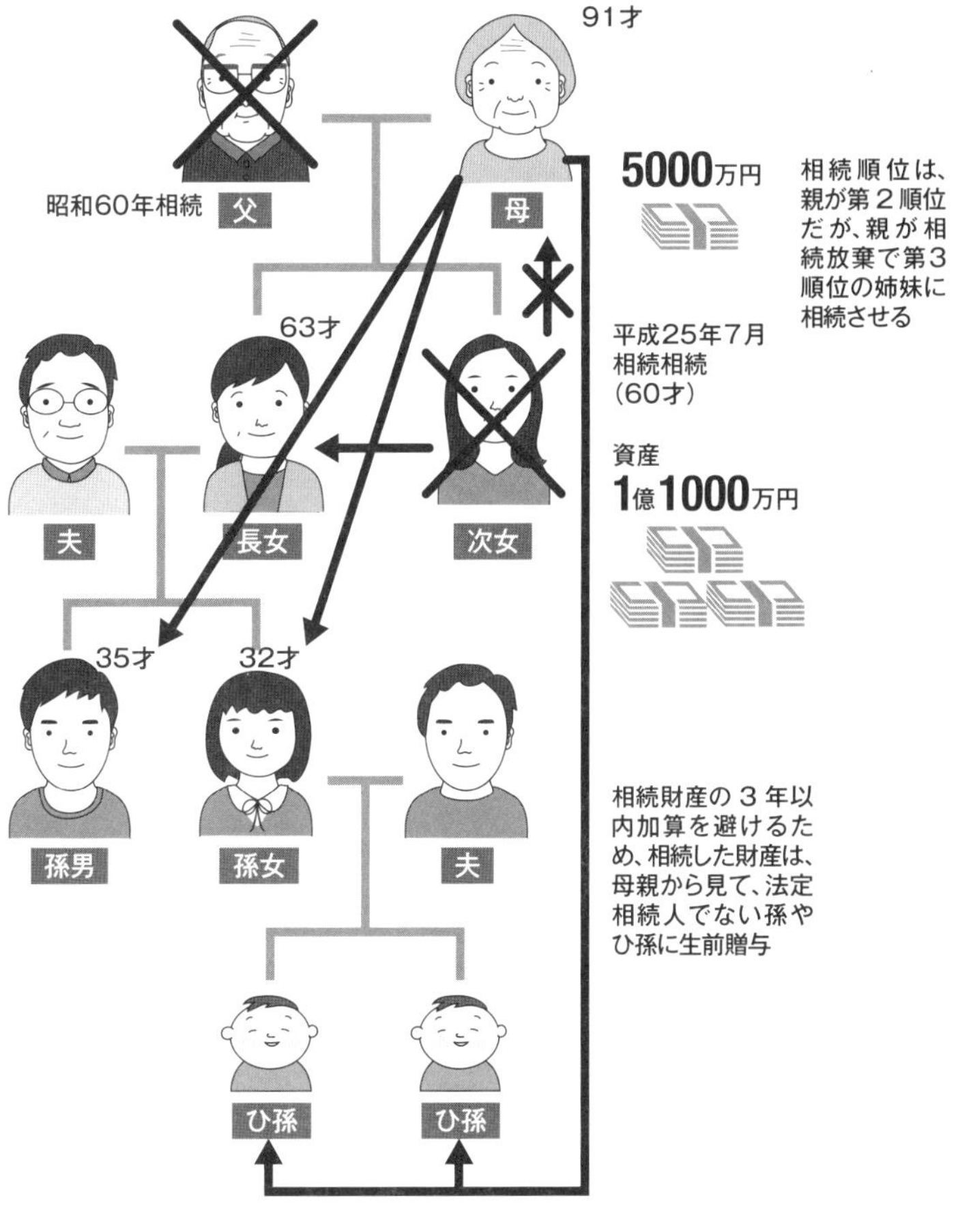
91才
昭和60年相続
父
母
5000万円
相続順位は、親が第2順位だが、親が相続放棄で第3順位の姉妹に相続させる
63才
平成25年7月
相続相続
(60才)
資産
1億1000万円
夫
長女
次女
35才
32才
孫男
孫女
夫
相続財産の3年以内加算を避けるため、相続した財産は、母親から見て、法定相続人でない孫やひ孫に生前贈与
ひ孫
ひ孫

お母様がご健在なので、法定相続人はお母様一人。何も控除するものがなければ、【{1億1000万円－6000万円（当時の基礎控除）}×20％－200万円＝800万円】の相続税がかかります。これくらいは、顧問税理士でも考えられるでしょう。この相続によって1億円以上の財産をお母様が受け取ると、お母様がもともと所有していた資産5000万円と合わせて、1億5200万円もの資産を保有することになります。

問題は、お母様が亡くなった後に発生する相続です。**2015年以降、長女の母からの相続時、基礎控除額が減らされています。**これまでの経緯から、91歳のお母様は1億5200万円の財産をほとんど使わないで生活されると思われます。そこで、2015年以降に相続が発生したと仮定してシミュレーションしてみると、相続税は次のような計算式になります。

{1億5200万円（母親の遺産）－3000万円＋600万円（長女の基礎控除）}×40％－1700万円＝2940万円

91歳の高齢のお母様が支払った相続税と、近いうちに支払う相続税とで約4000万円は痛い、と考えるのは自然なことです。この1億円を超える資産をどのようにして残していくかが、相続専門税理士の腕の見せどころというわけです。

お母様が相続するのではなく、長女に財産を継がせるのであればどうでしょうか。相談に来られたのが相続発生から2か月しかたっていない時でしたので、お母様に相続放棄の手続き（相続開始を知った日から3か月までがタイムリミット）をしてもらい、妹さんの財産は長女が相続することになりました。もちろん2013年の税制度で計算するので、相続税は800万円です。その結果、1億円超の資産が手元に残りました。

長女には子どもが2人、孫が2人いました。お母様から見れば、孫・ひ孫にあたります。高齢になっているお母様の資産5000万円をなるべく税金がかからないように、孫やひ孫に贈与するシナリオを考えました。

これまでお話ししてきたように、基礎控除額は「3000万円＋法定相続人1名につき600万円」です。法定相続人は長女だけですから、基礎控除枠ぎりぎりの現預金3600万円を残して、その年の年末に孫2人、ひ孫2人の4人に350万円ずつ、

1400万円を生前贈与しました。一人あたり贈与額が350万円の場合、贈与税は{350万円－110万円（基礎控除)}×15％－10万円＝26万円です。これが4人分ですから、26×4で計104万円です。贈与税を支払った後の孫とひ孫の現金手取り額は、350－26で一人あたり324万円になります。

この場合、生前贈与を行う相手がなぜ孫とひ孫なのでしょうか。

孫とひ孫は母の**法定相続人**ではないため、お母様の資産も相続しません。どういうことかというと、お母様が贈与してから3年以内に亡くなっても、相続税申告で贈与された財産は相続財産として加算されません。もちろん、財産を相続すれば亡くなる3年前の贈与財産は加算されますが、法定相続人でないため加算されないのです。このため、長女が負担するお母様の相続税額はゼロになります。

ところが、相続専門税理士でなければ、相続税が発生する可能性が高くなります。何も対策を講じなければ、次女→母→長女の順に相続することになります。次女からお母様へ相続すると、800万円の課税が行われ、さらにお母様から長女へ相続を行うと2940万円の課税がなされます。一連の相続によって、計3740万円の相続税負担が発生するのです。

それを、次女から長女へ相続することで贈与する時間を稼ぎ、孫への教育資金贈与も予定していますし、母から孫・ひ孫への**生前贈与**であれば、次女から長女へ相続しても母への相続同様に800万円が課税されますが、お母様から長女への相続では、孫、ひ孫への生前贈与を行うことで、104万円ですみます。何もしないで母の相続時に支払う予定の2940万円と、長女が相続人となりその後に生前贈与をすることで将来の相続税を軽減する方法をとることで、税負担は相続専門税理士に依頼した方が、経験が多いぶん選択肢も多くなり、税金もかなり減らせるということになります。

相続専門税理士は、贈与の期間も考慮する

もう一つ、単純な事例を紹介しましょう。

相続税を減らす有効な節税方法の一つに、**暦年贈与**があります。先ほどお話ししたように、贈与は法定相続人以外にも財産を渡せる便利なしくみですが、1年の間に無税で贈与できる基礎控除枠は1人あたり110万円までと決まっています。ですから、被相続人が元気であれば、コツコツと配偶者や子ども、孫へと毎年贈与する方法を採用することがで

きます。
次のようなケースの場合、どのようにすれば、税負担を少なくしながら相続財産を移転することが可能になるでしょうか。

父親はすでに他界し、70代の母親と既婚の長男（子どもなし）、同じく既婚の長女には子どもが2人います。相続財産は現預金が5000万円、自宅が土地と建物を合わせて3000万円、合計8000万円のケースです。

被相続人である母親が健在であれば、**暦年課税制度**を利用して毎年110万円ずつの贈与が可能です。このケースでは6人の親族がいるため、毎年660万円を贈与し続けることができますが、すべての財産を渡す場合、この方法だと7年以上かかってしまいます。

要するに、暦年課税制度は時間がかかる節税方法なのです。この制度を利用して相続財産の移転を図るには、被相続人が健在であることが絶対条件となります。

ところが、2015年1月から、贈与税は一部軽減措置が取られています。20歳以上の子や孫へ410万円以上贈与する場合、税負担が軽減されるようになりました。

相続専門税理士であれば、暦年課税制度を利用するのはもちろんですが、将来の相続税を見すえて軽減された税率区分を活用し、より大きな額を法定相続人以外の親族に生前贈与する方法を提案するでしょう。しかしながら、相続のことに精通していない税理士では、そもそも軽減措置自体を知らないこともあるため、毎年の基礎控除の範囲で長い期間をかけて生前贈与を提案されてしまう可能性があるのです。

お話ししたように、被相続人が健在であれば問題ありませんが、病気などでいつ相続が発生するかわからないということであれば、暦年課税制度には注意点があります。

相続発生前の3年以内に生前贈与を行っても、贈与された人に財産が移転したとはみなされず、相続財産に持ち戻し加算することで相続税の課税対象となるケースがあり、そのことを理由に、暦年課税制度を利用した節税対策を拒む税理士もいるかもしれません。

しかしこの規定は、相続および**遺贈**により財産を取得した人への贈与だけが対象です。一般的に、生前贈与は親から子へのケースが多いのですが、このように法定相続人に行うことで3年内贈与に該当しそうな場合には、法定相続人でない子の配偶者や孫への贈与を行う方がよいこともあります。事例のケースでは、法定相続人でない親族4人、つまり長男の配偶者、長女の配偶者と子ども2人に500万円（基礎控除後は390万円）ずつ贈

3年以内加算を見越して生前贈与する

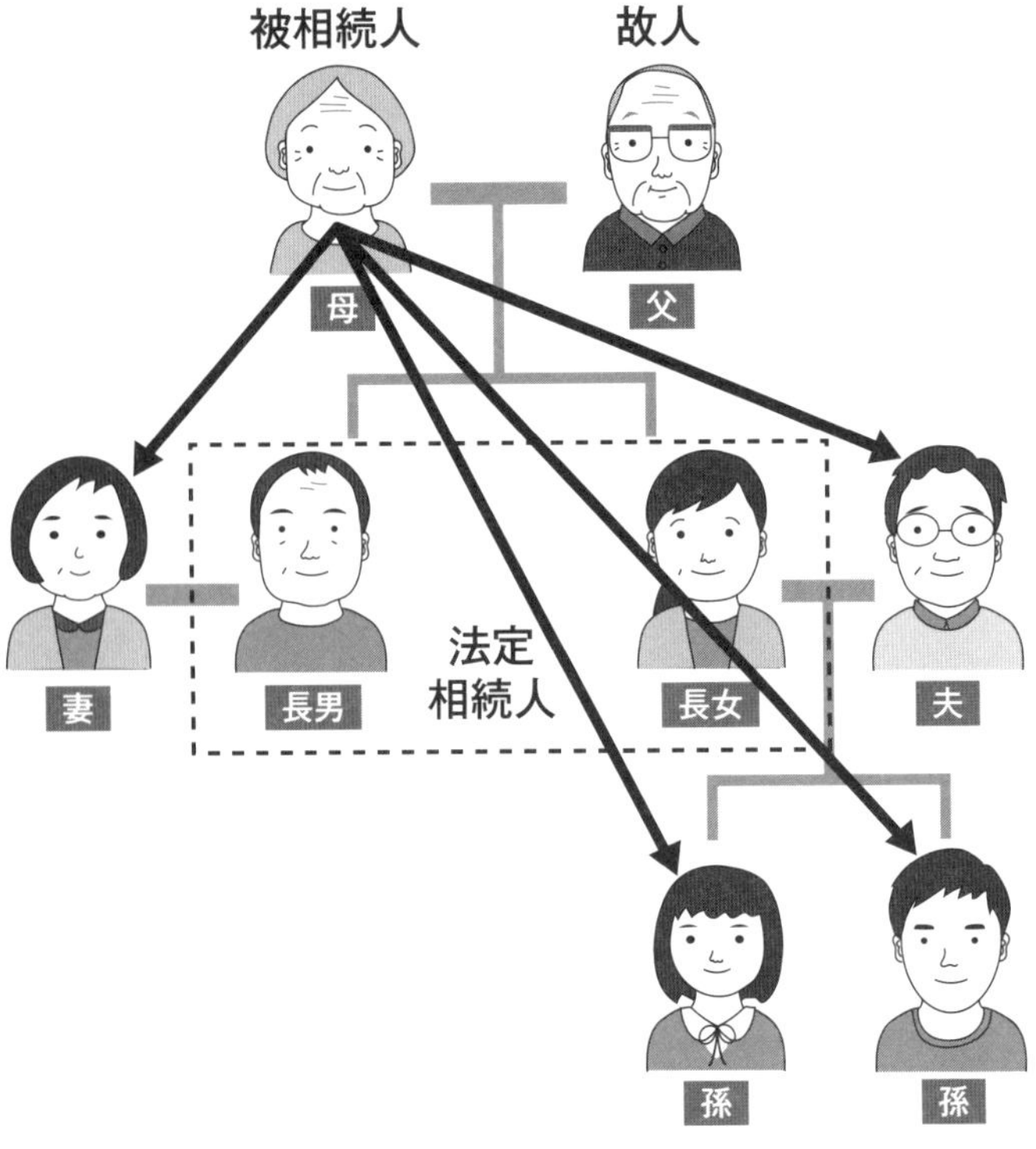

与しても、4人合わせて2000万円の資産が203万円（孫2人が20歳以上なら194万円）の贈与税のみで移転し、相続財産を大幅に減らせるというわけです。

また、国の方針として若い世代への財産移転を目指しているため、教育資金という形で財産移転が行われるのであれば、税負担を軽減する措置を設けています。それが、「**教育資金の一括贈与に係る贈与税の非課税制度**」です。

祖父母が孫やひ孫に将来の教育資金をまとめて渡す時、孫1人あたり1500万円まで贈与税が非課税になる制度です。これまでも、孫の教育費や生活費を個別に直接払う分には贈与税はかかりませんでしたが、今回の制度は「まとめて1500万円以内」でも非課税にできるのが特徴です。つまり、孫2人の場合、1回で3000万円まで贈与できるという計算になります。緊急の場合、こちらの制度を活用するという方法もあります。**相続が発生するまでのプロセスは人それぞれですから、その人たちの事情に合わせたプランを提案できるのが相続専門税理士の強みです。**

□事業承継における節税は、さらに高度な専門性が必要になる

資産に不動産だけではなく、「事業」もある場合はさらに複雑です。同族経営の中小企業の場合、自宅までもが会社所有になっているケースが多く、相続財産のほとんどは自社株です。**事業の場合、現金や不動産がないので、相続人が複数存在する場合は遺産分割で不公平が生じやすく、もめる原因になりやすいのです。**

金属の加工業を40年間行っている会社のケースを紹介します。「創業者である父親が倒れ、今後どのように相続したらいいのか分からない」という長男からの相談でした。

相続財産を計算してみると、自社株が4億5000万円、自宅が1億円、不動産が1億円、現預金が5000万円で合計7億円の資産がありました。概算でも1億8000万円ほどの相続税がかかります。

長男は**事業承継**をしたいと考えており、自社株と納税資金である現預金を自分が相続し、

母親は自宅と自社株の一部を相続し、長女と次女にはその他の不動産を共有すれば姉妹は納得するだろうと考えていました。しかし、姉妹から「その配分ではとうてい納得できない」と、待ったがかかったのです。

私は、自社株の評価が高いことと、換金しづらいということを説明しました。そして、母親へ5割に当たる3億5000万円、長男が3割強の2億5000万円、長女と次女は1割弱の5000万円ずつを相続することで話し合いは決着しました。

ところが、引き下がれないのは長男です。話し合い通りに遺産が分割されれば、財産の大部分が分割されてしまうため相続税を支払うことが難しくなり、さらに会社経営も財産がなければ難しくなっていたのです。

そこで、私は長男に対し、自社株の相続に**納税猶予**を利用して大幅に納税額を減らすことと、長女と次女に**代償分割**で財産を分けることを提案しました。事業「納税猶予」とは、承継時に一定の手続きをすることで自社株式（発行済株式）の2／3のうち、80％は納税猶予を受けられるという制度です（その後の改正により、平成30年1月1日から令和9年12月31日までの間は特例として、自社株式の全株式について100％の納税猶予を受けることができます）。

このケースでは、顧問税理士がいたにもかかわらず、長年放置されていた株式評価をやり直して長男の自社株の持ち分に納税猶予を適用したところ、4億5000万円だった自社株評価額を半額以下の2億1000万円まで下げることができました。その結果、相続税額は5000万円に下がり、納税のめどをつけることができたのです。

株式評価を1／10にして生前贈与する

北関東の、あるホテルチェーンオーナーのケースを紹介しましょう。

この未上場ホテルチェーンの株式は、時価総額で15億円。株式の9割はオーナーが所有しています。通常、相続で事業承継を行うためには、自社株の評価をいかに下げるかがカギになります。自社株の評価が高い場合、相続の発生時、評価額と一緒に相続税も高くなります。もちろん、生前贈与をする場合でも、評価額が高い場合は高額の贈与税がかかることになります。

その会社は、毎年2億円の利益を出していました。さまざまなシミュレーションをしてみた結果、5000万円くらいの利益であれば、株式評価が下がるということが分かったのです。そこで、従業員の福利厚生のための保険と役員の退職に備えた保険などを組み合わせることで5000万円の利益に抑えたところ、株式評価は1億数千万円になり、約1／10まで資産を圧縮することができました。

そのオーナーには子どもが2人いるので、**相続時精算課税**の制度を使って2人に株式を生前贈与しました。平成28年にその制度を活用して贈与したため、仮に令和20年ぐらいにオーナーさんが亡くなり、相続がスタートした場合は平成28年の数字で株式の評価を行い、相続税を支払うしくみになっています。ですから、令和20年ぐらいに仮に時価評価額が25億円になっていたとしても、平成28年の1億数千万円で計算することができるのです。

三代先には1割も残らない！　世界一重い日本の相続税に備えるには

相続税の税負担の大きさを表す時、**「相続が三代続くと財産はほとんど残らない」**という話を聞きます。相続税は累進課税のため、相続した財産が多ければ多いほど高い税額がかかってくるのと、税制改正で最高税率が55％と、非常に高額税率に変更されたためです。

改正された相続税率では、相続人1人あたりの遺産額が6億円を超えると、税率が55％

も課税されます。複数の土地の地主や経営者にとっては気が気ではない話でしょう。

現在「日本史上最高の遺産額」と言われているのが、松下幸之助さんの遺産です。

その額、なんと約2450億円。遺産の97％以上は松下グループの株式でした。発行株式は8700万株、時価総額が2387億円だったのです。これに対し、相続税が854億円も課されました。

相続人は、奥さんと娘さんたち計7人。奥さんが配偶者控除を活用して、相続財産の1／2に相当する1224億円を相続しました。残り6人の相続人には合わせて854億円の相続税が課税されましたが、奥さんは配偶者控除を活用して相続税はゼロに。854億円の相続税を支払うために、松下家は松下電器グループに930億円で株式を売却したのです。

配偶者控除については後ほど詳しくお話ししますが、相続した財産が1億6000万円まで非課税となり、その金額を超えても法定相続分、つまり相続財産の1／2までは非課税となります。

ところが、幸之助さんが亡くなった5年後に奥さんも亡くなり、二次相続が始まります。

課税対象となる相続財産は56億円で、相続税は39億円でした。相続財産が一気に減っているのは、生前贈与を活用した結果でしょう。幸之助さんが亡くなった年に約840億円、翌年に245億円を孫4人に生前贈与し、25億円を寄付したそうです。

ただし、多額の相続財産を一度に贈与したため、当時の最高税率である70%が課税されています。それでも生前贈与をしたおかげで、きちんと財産を残すことができました。もし二次相続で何の対策もしていなかったら、財産の9割以上は税金で取られていたことでしょう。つまり、孫の世代には、1割も残らないことになるのです。

> 一次相続後の財産……1－0・7＝0・3
> 二次相続後の財産……0・3×（1－0・7）＝0・09

だからこそ、相続税には早めの対策が必要なのです。

相続は「駅伝」方式で考えればすべてうまくいく

いったん相続が始まってしまうと、財産を残すための有効な手立ては限られてしまいます。特に相続財産が多ければ多いほど、その傾向は強くなります。松下幸之助さんの相続のように、かろうじて二次相続で一矢報いることしかできません。しかも、二次相続は、配偶者が被相続人と同世代であればいずれはやってきます。

それでも打つ手は限られてしまいます。そのような状態になってしまう原因は、「一代で相続を乗り切ろう」と考えていることがほとんどだからです。現代の相続税を取り巻く状況は、一人でなんとかしようと思ってもできるものではありません。

私は、相続は「駅伝」のようなものだと考えています。ランナー同士で一つのたすきをつないでいく駅伝のように、資産（＝たすき）を、相続人（＝ランナー）から次の相続人へと次世代につないでいく方法を考えていけばよいのです。

大切なのは、被相続人と子どもだけで考えるのではなく、子どもや孫、そして法人など多くの相続財産を残すためのサポーターを揃えて戦略を練りつつ、早めに準備をしておくことです。

どのような走り方でゴールを目指すかは、さまざまな選択肢があります。贈与を繰り返していく方法や、不動産を使って一気に資産を圧縮する方法。法人を活用して、相続財産を細かく分けていくやり方……家族の置かれた状況や、相続財産の規模などさまざまな要因から選んでいく必要があります。

それでは、次章から駅伝方式で考えるためのヒントをお話ししていきます。

Column

相続登記と登録免許税

近年、所有者不明土地問題が取りざたされています。所有者不明土地は全国の20.3%を占め、面積にすると九州よりも広い約410万haになるという調査結果もあるようです。この要因の一つとして、相続登記が未了のまま放置されているとの指摘があります。

相続登記とは、相続を原因とする所有権の移転登記をいいます。相続登記が未了のまま放置される理由は、単純な失念以外にも相続人が不在である場合や、遺産分割協議が決まらないまま放置されている場合などが考えられます。このような所有者不明土地の整理は、相続対策におけるスタートラインといえるかもしれません。

国はこの課題を解決すべく、「令和3年3月31日までの間は、過去に未登記のまま相続された土地の相続登記について不動産登録免許税を免除すること」としています。

今後は相続登記の過怠に対する罰則の創設や、所有者不明の不動産の利用者に対する固定資産税の課税強化など、取り組みがますます加速することが予定されています。

第2章

「沿道のヤジ」に振り回されると資産を失う

銀行や不動産業者、保険営業などの勧誘は「沿道のヤジ」と思え

２０１４年頃、テレビ番組や新聞、雑誌で相続特集が次々と組まれ、相続の実態が一般に広く知られるようになりました。金融機関のテレビＣＭで、タレントが自分の両親の相続について語り合うシーンがあったのを覚えている人もいるかもしれません。「相続」という言葉自体は確かに身近になり、以前よりも相続について家族で話し合う機会も増えたと思います。それはとても良いことですが、一方で相続は、金融機関や不動産業者、保険会社などにとって「ビジネスチャンス」でもあるということを心に留めておく必要があります。

実際、相続は非常に高額のお金が動きます。**2017年の国税庁調査では、相続額平均は被相続人一人あたり1億3962万円となっています。**その多くは不動産であるにしても、億単位のお金が動く、近年まれに見るビジネスチャンスなのです。

このような**相続税の改正によって生まれたビジネスチャンスに群がるのが、金融機関や不動産業者、保険会社の営業マンなどです。**相続が発生すれば、さまざまな問題が起こり

ます。だれに遺産を継がせるのかという問題はもちろん、相続税が課税されるのであれば節税対策の必要も出てきますし、納税資金を確保するために不動産を売る必要もあるでしょう。しかし、きちんと事前に対策を練っておかないと無用な「相続ビジネス」に巻き込まれ、残せる資産をムダに減らすことになりかねません。

相続人の悩みにつけこむ金融機関

現在、相続の悩みの駆け込み寺になっているのが、銀行をはじめとする金融機関です。相続というとプライベートなことというイメージが強いですが、相続を考えるためには自分の財産を明らかにする必要があります。しかし信用に足る人がどこにもいないので、止むに止まれず金融機関で相談するというケースが多いようです。

もちろん、相続について相談するだけであれば問題はないのですが、そういった方々は**金融機関が販売している金融商品**をよく検討せず購入してしまうケースが多いのです。なぜ、そのようなことになってしまうのでしょうか。**実は、金融機関に存在する相続専門部隊が、相談者の財産状況を調べつくしているからです。**相続専門部隊が収集した情報をもとに、金融機関の担当者がその人に合った商品をすすめてきます。

たとえば、**遺言信託**という商品。信託銀行を遺言の執行者として指定し、相続が発生した時に遺言執行者である信託銀行が、**遺言書**通りに執行するというものです。一見、相続に関する事項をすべて任せることができ、とても安心な制度のように思えますが、遺言執行に対する手数料が非常に高いのです。

たとえば3億円の相続財産の場合、執行手数料は1000万円にもなります。それ以上の財産であればさらに高くなります。それだけ手数料を取るのですから、さぞ十分なサービスが受けられると思ったら大間違いです。

実は、遺言信託によって信託銀行が遺言書の内容に関してできるのは、財産リストを作ることだけ。**相続人の認知や排除**など、身分に関することは一切行えません。さらに相続人の間で遺産分割紛争が起きている場合、もめごとに巻き込まれないように遺言の執行はできないようになっています。

そのため、一次相続時の遺言書の作成を行う時、多くの信託銀行はまず被相続人の配偶者にすべての財産を相続させるようです。その大きな理由の一つは、次の二次相続の際にも当然のように遺言書の作成に関わり、執行手数料を取ることができるからです。

もちろん、配偶者の非課税枠があるので、2億円くらいの資産であれば、一次相続は相続税なしで相続できるでしょう。しかし、二次相続で大きな相続税が課税される可能性があります。さらに、「煩わしいことはすべてお任せください」といっている遺言信託でも相続税の申告に関しては別途税理士に依頼する必要があり、その際、税理士報酬も必要です。**つまり、遺言信託は、遺言書の作成のアドバイスくらいしか提案できません。財産を守るためには、結局のところ自分で動くしかないのです。**

一方、金融機関は企業経営者にはどのような商品を勧めているのでしょうか。

相続税対策の一つとして、「課税対象となる相続財産を減らす」方法がありますが、それを大義名分として不必要な借り入れをさせる商法が横行しています。金融機関が中心となって、高額な手数料の保険や投資信託を経営者に購入させているのです。

□相続対策の名目でアパートを建てたがる不動産業者

また、相続税対策を名目にして地主にアパートやマンションを建てさせようと考えている不動産会社の営業マンも多くいます。

融資によってマンションを建てる相続税対策は、金融機関にとっても悪い話ではありません。場合によっては、金融機関が不動産業者と一緒になってアパートやマンションの建築をすすめてくる可能性もあります。

地主が**遊休地**にアパートやマンションを建てて節税するしくみは、一般的に次のようなものです。

たとえば、土地評価が5000万円の遊休地があるとします。そこに、金融機関から5000万円を借り入れてアパートを建てます。アパートを建てることで、遊休地は**貸家建付地**として評価が下がります。

たとえば、**借地権割合**が70％の地域の場合、70％×0・3＝21％となり、5000万円の土地が21％減の3950万円にまで下がります。一方、建物の価格は固定資産評価額（建てた時価の6割ほど）で評価され、さらに借家権割合として30％が控除されます。

遊休地にアパマンを建てて節税するしくみ

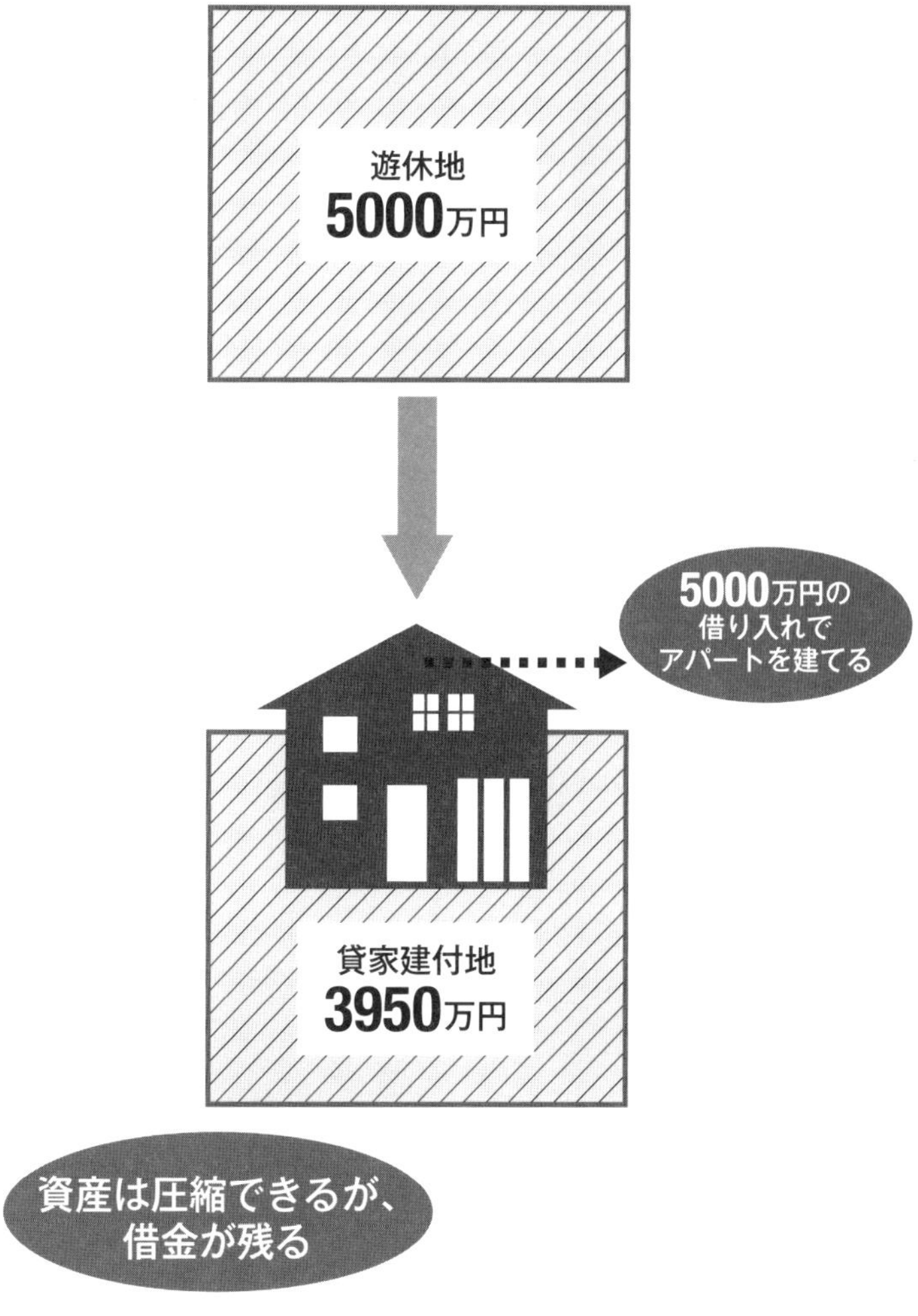

この方法は、5000万円の借り入れで土地の評価が下げられることから、昔から定番の相続税節税テクニックとして人気があります。しかし、確かに現金などのプラスの相続財産が減ることで相続税対策にはなる一方、膨大な借金が残ることを忘れてはいけません。

大家業で最も重要なことは、入居需要の高い地域にアパート・マンションを建てて収入を得ることです。しかし、不動産会社の需給予測は見積もりが甘いことが多く、実際に運用してみたら、借金がなんとか返済できるくらいまでしか収益が上がらないケースも少なくありません。

つまり、相続税対策といっても、**土地にアパートやマンションを建て、借金を増やして相続財産を圧縮することだけを考えていると失敗する**、ということです。目の前の相続税だけでなく、その後の流れをきちんと見極めておく必要があります。

土地にアパートやマンションを建ててしまうと、土地の価値が大きく下がるため、結果として土地を売りづらくなります。この場合、預貯金のないケースでは、無用な借金をしてしまうことにもなりかねません。本当は土地の一部を売るだけで相続税の納税資金を確保できたのにもかかわらず……。

特に、昔からの地主は「先祖代々の土地を守り伝えていこう」という気持ちが強い傾向があります。そこを不動産業者につけ込まれ、先祖代々の土地を守るためだけに、駅から遠かったり、入居需要が少ないところにアパートを建築してしまうのです。

大幅に節税できるのですから、一見すると良い話に思えるのですが、電車が主要な交通網であるエリアで駅から遠い物件であれば、入居需要は大きく減ってしまいます。もちろん、入居者がいなければ家賃は入らず、莫大な借金だけが残るというわけです。

家賃保証（サブリース契約）の甘いワナ

不動産で確実に収入を得るためには、需給予測をシビアに行うことが大前提ですが、大家業を代行してくれるサービスを行う業者もいます。

ある不動産会社は、統一されたブランドのアパートを土地持ちの地主に建てさせることで有名ですが、資材は通常価格の何倍もするうえ、見た目はきれいでも安普請で、登るとギシギシ音がするような階段であるケースもあります。そのような物件では、入居者を募集するのもひと苦労です。しかも統一されたブランドなので、市場価格の何倍もの建築費用がかかるケースもあります。建築費用が割高になれば、その後の家賃収入にも影響が大きく出てきます。

そして、建築されたアパートはその不動産会社が全部屋を一括で借り上げ、地主と25年くらいの**サブリース契約**を結び、一定の家賃収入を保証するのです。一定の手数料を不動産会社に支払うことで、入居者の募集から退去、入金や建物の管理まであらゆることを代行してくれます。一見、オーナーは何もしなくてすむと思うかもしれません。しかし、そんなおいしい話などあるわけがありません。

サブリース契約はだいたい2～10年に一度見直されることが多く、建物の経年劣化によって、修繕費などの経費が多くかかるようになります。また、入居者が集まらなければ家賃を下げられてしまいます。また、金融機関からの借り入れが減れば、通常その分家賃の収益は増えるはずですが、**余剰分の家賃収入はすべて、家賃保証の名目で不動産会社に取られてしまう**のです。これでは、財産を守ることにはつながりません。

収益を生まない自宅が広いと、相続で大変なことに

地方の地主のご自宅に伺うことがよくあるのですが、建物の外観や配置の多くが酷似していることに驚かされます。

1000坪ほどの広大な土地に、300坪ぐらいの瓦屋根の大きな家がどんと建っていて、近くの蔵には農機具や脱穀機などが無造作に置かれ、奥の離れのようなところに子どもたちの家、そんな光景をよく目にするのです。

確かに、自宅は相続時には評価減の対象になるのですが、敷地があまりに広すぎる場合、評価減の対象範囲を超えてしまいます。たとえば、小規模宅地等の特例を活用して評価減ができる範囲はおよそ100坪（330㎡）。自宅面積の1／10しか評価を下げられません。これは節税の観点から見て、とても効率の悪い所有のしかたです。

土地には子どもたちの自宅も建てられていますから、売るわけにもいきません。こういうケースの場合、いざ相続が始まり、課税されると納税資金が足りなくなってしまうケースが非常に多いのです。せっかく広い土地を所有しているのですから、きちんと計画的に収益を生む体質にして、納税資金を計画的に貯めておいた方がよいでしょう。

相続税対策に保険をかけすぎて、相続貧乏に……

納税資金に困る地主に、保険会社の営業マンが次のような甘い言葉をささやきます。

「生命保険の相続税対策なら、面倒な手続きは一切ありません。数枚の契約書に必要事項を書いて保険料を支払い、保険会社の承諾を得られれば、相続が発生してもすぐに納税資金を調達することができますよ」

これまでお話ししたように、多くの地主は相続財産の9割を土地で所有しています。現金をお持ちの地主はそう多くありません。不動産を買うのは面倒だけど、保険なら……と、二つ返事で加入されてしまう方も多いのです。

保険は相続の時に、現金として支払われるのでとても有効な相続対策の一つです。しかも、相続によって発生した生命保険金は、「**みなし相続財産**」として相続税の課税対象になる一方、「**受取人の固有の財産**」とされるため、相続人の間で分ける必要がありません。このため、あらかじめ現金を受け取る人を指定できる相続財産として有効です。うまく活用すれば、納税対策や争続対策にも活用できます。

また、生命保険はみなし相続財産として課税対象となるため、非課税枠が活用できる点も見逃せません。相続人一人あたり、500万円までが非課税となります。

このように、一見メリットが大きく見える生命保険ですが、実は保険料が意外とバカになりません。たとえば、相続で人気のある「**一時払い終身保険**」の場合、一回で数千万円もの高額な保険料を支払わないといけません。手元から数千万円もの現金が出て行くため、現金に困る地主も出てきます。現金の持ち出しを少なくできる保険もありますが、それでも年間数百万円程度の現金の払い込みが必要です。

いつ起こるかわからない相続のために土地という資産だけを持ち、まったく収入のあてのない地主が残り少ない現金を払い続ける。こうしたカラクリによって、生活費にまで困窮する「相続貧乏」地主が出てきてしまうのです。

9割の顧問税理士は相続税の素人

相続できちんと財産を残すために、相続専門税理士に依頼する必要があるのには、二つの理由があります。

一つは、税理士にも得意分野、不得意分野があるということです。

通常、会社や個人と契約している顧問税理士は、主に法人税と消費税、それと所得税を中心に担当しています。会社や個人に代わって中間申告書や期末ごとの決算書や確定申告書を作成したり、年末調整を行ったりします。長年、企業の顧問税理士をしてきたベテラン税理士にとっては、法人税や所得税の計算やアドバイスは得意分野です。ただし、これまで見てきたように、相続税の分野になると話は変わってきます。

相続税に関わる業務では、相続財産の評価に始まり、遺産分割についての話し合いでアドバイスしたりして最終的に資産の有効活用を見すえ、相続税の申告書を作成します。相続税は税務調査が多いことで知られていますが、その立会いも行います。ですから、不動産取引に関する知識だけでなく、民法、会社法など相続税以外の法律にも精通していないと対応できません。だからこそ、得意な（専門の）税理士に任せるのと、不得意な（専門外の）税理士に任せるのでは、雲泥の差が出てしまうのです。

もう一つは、相続の実務経験の少ない税理士が多いということです。

現在の税理士試験の必須科目は、所得税法と法人税法。相続税法は実は選択科目なのです。そのため、相続税法をしっかり学んでいないという税理士はいまだに多くいます。

そうした傾向に拍車をかけているのが、相続税の年間申告件数の少なさです。しかも、申告件数は少なくても、事例によって毎回申告のしかたが異なるケースが多いので、場数を踏んで経験を積んでいくことしか、専門家になる道がないという状況もあります。専門学校では、試験のために資産評価の方法は教えるものの、相続争いを解決し、さらに節税までアドバイスする方法までは教えられません。

世の中の税理士の多くは法人税や所得税をメインに扱っているため、仕事が忙しい税理士ほど日常の会計業務で手いっぱい。**決算期などの繁忙期になれば、とても相続税の申告に捻出できる時間はありません。**必然的に場当たり的な対処法になってしまい、相続人が満足できる申告業務になっていないケースが散見されるのです。ですから、まずは相続専門税理士に出会うことからスタートしてほしいのです。

顧問税理士が不動産に弱い理由

相続税の相談では、必ずと言っていいほど不動産に関する知識が必要になります。**その一番の理由として、相続財産のほとんどが不動産で占められているという事実があります。**特に地価の高い大都市圏では、財産の9割以上が不動産であることも珍しくありません。それにもかかわらず、不動産評価の方法に熟知している税理士が圧倒的に少ないのです。ベテランの税理士になればなるほど、自分の守備範囲である法人税のプロになってしまい、不動産の知識は最低限の知識でいいと考えてしまう傾向があります。

最近は相続税が注目されていることもあり、不動産の知識を増やそうとセミナーなどで勉強している税理士を見かけます。確かに税理士業界全体のレベルを向上させるためには、そうしたセミナーも必要です。

しかしながら、不動産の実務をセミナーや独学で学んだだけでは、実際の相談の役に立ちません。私もかけ出しの頃は、教科書通りのやり方で不動産を評価していました。しかし、その不動産の時価を見ると、思いもよらない価格がついていたりするのです。

1億円の評価額を出したのに市場では7000万円でしか売れなかったり、逆に

5000万円の評価をしたものに1億円に近い金額がついたり……。

しかし、リアルな不動産取引を何度も経験していくうちに、不動産の勘というものが身についていきて、登記簿を見ただけで物件の概算評価額が割り出せたり、現地に行っただけで大体の市場相場がわかるようになりました。

現地に行けば、前面道路が狭い（道路幅が4m以上ないと資産価値が下がる）ことや、斜面がある（不整形地などでは資産価値が下がる）など、不動産評価を下げるポイントが目につきます。そういった経験に基づいた知識があれば、役所で書類を調べる時にもあらかじめ要点を絞った調査ができるというものです。

そうした資産に関する知識を土台として、相続人に会えば節税につながるアイデアをいろいろと出すことができます。

相続人の将来のためのプランや、節税のためのプランなどありとあらゆるアイデアが瞬時に浮かんでくるのです。相続税の申告は、相続発生後から10か月以内と決められていま す。節税のための特例を活用するためには、申告の時に合わせて申請が必要です。ですから、スピーディにアイデアを実行に移す必要があるのです。

Column

「課税上弊害がある場合」と認定されると、大変なことに……

自動制御機器メーカー大手、キーエンス。2016年9月、創業一家の長男が大阪国税局の税務調査を受け、贈与された資産管理会社の株式をめぐり1500億円を超える申告漏れを指摘されました。

今回、税務調査の対象となった資産管理会社は、キーエンスの発行済株式の17%超(約7800億円相当)を保有する創業者である滝崎家の資産管理会社ティ・ティ社の株を現物出資して新たに創設し、その株式を長男に贈与しました。

事業承継の場合、非上場株の評価額は、業種や事業内容が類似する上場企業の株価などをもとに算定するように、国税局から通達があります。長男は、通達に沿って新会社株を評価。そこで贈与を受けました。

ところが、新しく創設した資産管理会社がティ・ティ社を通じ、大量のキーエンス株を間接保有しているということから、国税局は評価が過少だと待ったをかけたのです。結局、追徴税額は過少申告加算税を含めて300億円超になったそうです。

私はこの件を知って、取引相場のない株式の法人税相当額を控除して、資産を圧縮させる節税対策をとったのだろうと思いました。「取引相場のない株式を純資産価額で評価する場合、簿価よりも評価額の方が大きい時は、その評価差額から法人税等相当額を控除することができる」という通達があります。この適用を子会社であるティ・ティ社の株価算定だけでなく新会社株式の評価でもしてしまったのでしょうか。しかし、国税局はそれを認めませんでした。

第3章

資産をつないでくれる「駅伝メンバー」を熟知する

相続は家族の「たすき」リレーによる「駅伝」で考える

前章までは、多額の相続資産を土地で所有している現状から、地主に降りかかる災厄についてお話ししました。それらはすべて相続を食い物にしようとする人たちからの「沿道のヤジ」ですから、気にしなければいいだけの話です。

しかし、そこで改めて皆さんは、こう思うことでしょう。

「沿道のヤジを気にするな、というのはわかる。しかし、突然降って湧く相続をどうやって乗り切ればいいんだ？」

そこでこの章では、先祖から受け継いできた土地や自分たちの資産を守り、次世代にうまくつなげていくための戦略をお話ししたいと思います。

私は、「はじめに」でお話ししたように、相続は被相続人が一代限りで考えるものではなく、自分の子ども、孫、ひ孫……とランナー（相続人）を増やしていきながら、資産を次世代に残していく「駅伝」で考えるのがよいのではないかとつねづね思っています。

100m走（被相続人だけ）から、駅伝（被相続人と相続人）の相続へ

相続は、まさに「突然」始まります。

相続がいつ起こるのかは誰にも予測できないからこそ、綿密な準備が必要であるということは、これまでお話ししてきた通りです。

しかし、準備と一口に言っても、いろいろあります。遺言書の作成など、これまで他の本で紹介されてきた準備は、被相続人が中心となって「一代限りで考える」相続対策だったように思えます。

しかし、一代限りで考える相続戦略というものは、私に言わせると戦略とは呼べません。相続が発生したら、その場その場で考える対処療法的な方法だからです。誰にも相談せず、一人きりで相続をする。相続人は何も準備していないのですから、当然対処法も場当たり的にならざるをえません。

唯一被相続人だけで作れる遺言書にしても、いざ書くとなると、何をどう書けばいいかわからない。結果的に、沿道のヤジ（金融機関や不動産会社の口車）に乗せられ、資産を

目減りさせてしまうケースが大半です。

一方、「駅伝」で考える相続戦略は、アプローチの仕方からしてまったく異なります。その場その場で対応するのではなく、資産を守り次世代につなげるためのあらゆる選択肢を最初にあげ、そこから最も良い戦略を絞り込んでいく方法です。

その戦略を実現するために必要なのが、まず相続税の専門家を味方につけること。そして、**資産という名の「たすき」を担うランナーを増やし、着実に次世代へ資産を残す**ことなのです。

3か月後に訪れるチェックポイントで、誰がどのように引き継ぐか

そのためには、まず相続が発生してからのスケジュールを確認しておくことが大切です。

相続には、大きく分けて2つの「チェックポイント」があります。

第1チェックポイント
相続発生から3か月後に訪れる「誰が、どのように相続財産を引き継ぐかの意思確認」

意思確認の方法には、大きく分けて3つあります。

一つは「**単純承認**」です。相続開始後、相続人が何も申請をしなければ、この単純承認になります。

次に、プラスの相続財産だけを限度に財産相続する方法を「**限定承認**」といいます。この承認を行う場合には、3か月以内に管轄の裁判所への申請手続きと、法定相続人全員の合意が必要になります。

最後は、「**相続放棄**」です。相続放棄を選べば、相続人は最初から相続人でなかったものとして扱われます。要するに、プラスの相続財産も借金も、仏壇やお墓などの祭祀に関わる財産（祭祀財産）を除き、すべて受け継がないということになります。

第1チェックポイントでは、これらの3つのうちどれかを必ず選ぶことになりますが、相続財産の全貌がわからないと、最善の方法を選ぶことができません。

冒頭でお話しした相続放棄の事例も、「誰にどれだけ残すか」ということが決まっていなければ、その制度を活用できませんでした。だからこそ、相続が発生してからではなく、相続が発生する前から準備をしておくことが大切なのです。

10か月後には、相続のタイムリミット（申告期限）が来る

第2チェックポイント
相続税の申告期限

相続税の申告および納税は、相続開始日から10か月以内に済ませないといけません。

相続税は相続財産に対し一括で課税されるのではなく、相続人一人ひとりに課税されるので、相続財産が相続人ごとに分割できていなければ申告できません。

相続税の申告期限に申告しなければ、多くの節税に有効な特例が使えなくなります。そ

の代表的な例が「**小規模宅地等の特例**」です。一定の条件を満たす宅地であれば、その評価額を最大80％も減らすことができる、非常にありがたい特例です。

また、「配偶者の税額軽減規定」もあります。1億6000万円か、法定相続分相当額を減らすことができる制度ですが、これらの特例を活用する条件として、相続税の申告が義務付けられています。原則として、申告期限を過ぎてしまうとこれらの特例は使うことができません。

また、申告期限を過ぎると、法律で決められた額の相続税に加え、延滞税（年率14・6％）や無申告加算税（年5〜20％）などの高額なペナルティが加算されますので注意してください。


また、最近の相続問題の特徴として、相続が発生した後に取り分をめぐって相続人同士が争う「**争続**」現象が取り上げられています。

事前に準備をしておいて、誰にどれだけ資産を残すのかを決めておけばこうした問題は避けられますが、「相続が発生したら決めればいい」という場当たり的な対応では、相続人同士で折り合いがつかず、申告期限に間に合わなくなることもあります。

例えば、相続人の数が多かったり、相続人が遠隔地に住んでいる場合、一堂に会して行う「**遺産分割協議**」が難航しがちです。また、協議を進めるための交通費などで相続人の負担が大きくなってしまいます。

父母や創業者（被相続人）は、現役世代に資産を渡す「第一走者」

大切な資産を守り次世代につなげていくためには、「第一走者」である被相続人の行動がとても重要になってきます。これまでの事例などで確認してきた通り、第一走者次第では、最終的に資産を大きく目減りさせてしまうケースが多いからです。

優れた第一走者に必要なことは、誰よりも早くスタートを切ることです。

準備が早ければ早いほど、打つ手がたくさん生まれます。特例の手続きもそうですし、早くから準備をすれば、物納での納税方法にも余裕を持って対処できます。

しかし、準備が遅ければ遅いほど、選択肢は限られていきます。選択肢が限られるということは、結果的に大切な資産を減らしてしまう可能性を高めることに直結します。だからこそ、誰よりも早くスタートを切ることが必要なのです。

もう一つ重要なことは、常に現状を把握しながら動くことです。

実際の駅伝でもそうですが、正しい戦略を身につけてペース配分を考えながら走るのと、ただやみくもに走るのとでは、結果が大きく変わってきます。相続でも同じことで、自分の資産はどのくらいあるのか、財産を引き継いでくれる相続人は何人いるのか、そうしたことをまったく把握せずに財産を残すことは不可能です。だからこそ、現状を正しく把握し、「残す」ための正しい戦略を立てることが大切なのです。

現役世代は、子ども・孫に資産をつなぐ「ランナー」

現役世代とは、相続人を含めた親族のことです。自分の子どもや孫、ひ孫は大切な資産をたすきのようにして引き継ぐランナーです。

ランナーの数によって節税額も変わってきますし、将来を見すえて生前贈与という形で財産を孫やひ孫世代に移したほうがいいケースもあります。きちんとたすきを担ってくれるランナーがどれだけいるかによって、相続の戦略も変わってきます。

相続税に強い税理士は正しい戦略を練るための「コーチ」

正しく戦略を練るためには、高度な知識・経験を身につけた相続専門税理士のアドバイスが欠かせません。

これまで見てきたように、相続で資産を守るためには、財産に関するあらゆる法律に精通するだけでなく、それを実際に取り扱ってきた実績が何よりも重要ですから、相続税の申告・納税の経験が乏しい顧問税理士よりも、きちんと実績のある専門家に相談した方が、より正しい戦略を立てることができます。

これまでの事例で紹介してきたように、相続税の申告実績がある専門税理士が担当するのと、相続税の申告実績がない税理士が担当するのとでは、何千万円、場合によっては何億円もの差が出てきます。自分だけでなく親族全体のことを考えるなら、優秀なコーチと組んで目標を達成することが何よりも必要なのは言うまでもありません。

法人は税負担を軽減してくれる「伴走車」

相続を駅伝に例えると、法人は、「伴走車」のような存在です。ランナーである相続人は「個人」であるがゆえに、さまざまな制約が課されます。納税資金を確保するために事業を起こして収益を上げても、税金でその大部分を国に持って行かれてしまいます。しかし、「法人」であれば個人と比べて節税の選択肢が大きく増えますし、事業収入の一部を納税資金として内部留保することもできます。個人で貯蓄するというのも一つの方法ですが、相続がスタートする前に、さまざまな事情で使ってしまうことも考えられます。そうした問題も法人であればクリアできます。

相続税の節税対策でよく行われるのは、相続される土地にアパートやマンションを建て、土地の評価額を減額させるとともに、そこから上がる不動産収益によって不動産賃貸業を行い、その収益を納税資金対策に充てる方法です。

従来はアパートやマンションを所有せず、賃貸管理の収入を柱にする**不動産管理法人**が一般的でしたが、現在は、アパートやマンションを法人名義で所有する形の方がより節税効果が高いといわれています。

相続は「たすき」をつなぐリレー。遺言書は道しるべそのもの

これまで紹介してきたように、相続は資産という「たすき」を次世代につなぐための駅伝と捉えるとわかりやすくなります。そのためには、最初のランナーである被相続人が、自分の資産がどれだけあるのかについて正しく評価することが不可欠です。なぜなら、資産の状況によっては、相続税を支払い、かつ次世代に残したい資産が残せるかということを視野に入れて戦略を練らなければいけないからです。

そこで重要になってくるのが、「遺言書」です。

遺言書とは、財産を誰にどのくらい、どのようにして分割して残すかということが書かれた道しるべとなる文書です。**遺言書を「遺書」と勘違いして、書くのを嫌がる方も多いのですが、遺言書と遺書はまったく別ものです。**大切な資産を次世代につないでいくためには、遺言書を書くのが一番良い方法です。

第4章

資産を最大限残す「駅伝式相続法」をマスターする

走り出す前に準備体操。自分の資産（体力・健康）をチェックする

第3章では、駅伝方式で資産を駅伝の「たすき」のように次世代に伝えていくことが重要だとお伝えしました。第4章では、実際にたすきを次世代に伝えていく具体的な方法についてお話しししたいと思います。

まず被相続人の皆さんにやっていただきたいのは、「自分の資産がどのような状態で保有されているのか」を把握することです。

相続が発生した時、相続財産が「どのような状態で」保たれているかは、とても重要なポイントです。というのも、資産の大部分がマイナスになっている状態で相続を迎えると、確実に納税資金が足りなくなってしまうからです。

よくあるのが、資産の大部分を不動産だけで持っていて、毎年多額の固定資産税を支払い、資産が目減りしていくケースです。これでは、次世代にたすきを渡す時に相続税を課税される可能性が高まります。ですから、まずは持っている資産を明らかにして、不動産

の収益力もきちんと確かめましょう。

資産評価はその道の専門家に任せることが重要

相続専門税理士とそうでない税理士の最も大きな違いは、「財産評価が適正にできるかどうか」にかかっています。

相続財産は、相続発生時の時価で評価するのが原則です。これまでご紹介しているように、地主の方の多くは、相続財産を不動産で所有しています。しかし、不動産は時価で評価するのが難しい財産の一つなのです。

その理由の一つに、不動産の価格の一種で、土地に接している道路の値段に面積をかけて算出する「路線価」という価格の存在があります。ところが、実際の取引を見ていると、路線価が決まっているのにもかかわらず、評価する人によって土地の価格に大きな差が出ることがよくあります。それは、不動産の時価は、具体的に何をもって評価するのか、またはどのように計算するのか、評価する土地の状況によって大きく変わってくるためです。

たとえば、土地の評価をする時、相続専門でない税理士は、単純に路線価から土地の評価額を算出します。国税庁が出している「財産評価基本通達」という財産評価のマニュアルに、「土地の評価は路線価を採用する」と規定されているからです。お上が出している評価方法と同じ方法で算出すれば、税務署から指摘されることはありません。

しかし、路線価だけが土地の評価方法ではありません。左ページの図のように、土地は「一物四価」「一物五価」とも呼ばれ、いくつもの価格のものさしを持っているからです。そこで、不動産の専門税理士は、基本的には路線価評価も使いつつ、土地の状況によっては不動産鑑定士に依頼するなどして鑑定評価を行います。

なぜそのようなことをするのかというと、路線価が実際に売り出した時価よりも高いケースがあるからです。たとえば、路線価が50万円で200㎡の土地があるとします。路線価評価額は、50万円×200㎡＝1億円です。

ところが、それを売りに出しても半分の5000万円しかつかないこともあります。これでは路線価は適正な時価とはいえませんから、路線価で評価すると、地主さんは多額の相続税を納めなくてはならなくなります。

路線価と時価の乖離には、必ず理由が存在しています。たとえば、**旗竿地**のように土地

■1 編

【ご購入いただいた書籍名をお書きください】

書名

ご愛読ありがとうございます。

今後の出版の参考にさせていただきたいので、ぜひご意見・ご感想をお聞かせください。

なお、ご感想を広告等、書籍の PR に使わせていただく場合がございます（個人情報は除きます）。


……………………………該当する項目を○で囲んでください……………………………

◎本書へのご感想をお聞かせください

・内容について	a. とても良い	b. 良い	c. 普通	d. 良くない
・わかりやすさについて	a. とても良い	b. 良い	c. 普通	d. 良くない
・装幀について	a. とても良い	b. 良い	c. 普通	d. 良くない
・定価について	a. 高い	b. ちょうどいい	c. 安い	
・本の重さについて	a. 重い	b. ちょうどいい	c. 軽い	
・本の大きさについて	a. 大きい	b. ちょうどいい	c. 小さい	

◎本書を購入された決め手は何ですか

a. 著者　b. タイトル　c. 値段　d. 内容　e. その他（　　　　　　　　　　）

◎本書へのご感想・改善点をお聞かせください

◎本書をお知りになったきっかけをお聞かせください

a. 新聞広告　b. インターネット　c. 店頭（書店名：　　　　　　　　　　）
d. 人からすすめられて　e. 著者の SNS　f. 書評　g. セミナー・研修
h. その他（　　　　　　　　　　）

◎本書以外で最近お読みになった本を教えてください

◎今後、どのような本をお読みになりたいですか（著者、テーマなど）

ご協力ありがとうございました。

郵便はがき

料金受取人払郵便

新宿局承認

1820

差出有効期間
2021年9月
30日まで

1638791

999

(受取人)

日本郵便 新宿郵便局
郵便私書箱第330号

(株) 実務教育出版

第一編集部
愛読者係行

フリガナ お名前		年齢	歳
		性別	男・女
ご住所	〒		
電話番号	携帯・自宅・勤務先 (　　　)		
メールアドレス			
ご職業	1. 会社員 2. 経営者 3. 公務員 4. 教員・研究者 5. コンサルタント 6. 学生 7. 主婦 8. 自由業 9. 自営業 10. その他 (　　　)		
勤務先・学校名		所属 (役職) または学年	
今後、この読書カードにご記載いただいたあなたのメールアドレス宛に 実務教育出版からご案内をお送りしてもよろしいでしょうか			はい・いいえ

毎月抽選で5名の方に「図書カード1000円」プレゼント!

尚、当選発表は商品の発送をもって代えさせていただきますのでご了承ください。

この読者カードは、当社出版物の企画の参考にさせていただくものであり、その目的以外には使用いたしません。

土地の価格（一物五価）

①実勢価格（実際の売買価格）以外に、以下の4つの価格があります。

地価の種類	②公示価格	③基準地価	④路線価	⑤固定資産税評価
評価基準日	毎年1月1日	毎年7月1日	毎年1月1日	3年毎の1月1日
公表時期	3月20日頃	9月20日頃	7月	4月初旬
調査主体	国土交通省	都道府県	国税庁	市町村
内容	土地取引の公的な指標	土地取引の公的な指標	相続税、贈与税などの評価に用いられる。	国の「固定資産評価基準」に基づき計算。
価格の目安	実勢価格の約90%	実勢価格の70～80%	公示価格の80%。路線価方式をとらない地域では、固定資産税評価額に一定倍率を乗じて計算。	公示価格の70%が目安。固定資産税、都市計画税、不動産取得税、登録免許税の算定に利用される。

※エクラコンサルティング調べ

がいびつな形をしていたり、使い勝手が悪い場所や鉄道が近くに通っていて騒音が気になる場所、ガソリンスタンドやゴミ処理場があって臭いが気になる場所などは、土地の評価が大きく下がることがあります。こうした評価は公図や登記簿を見るだけではなかなか分かりません。現地調査で土地の状況や周囲の環境を調べて初めて分かることだからです。

現地調査でないとわからない、不動産の不思議

土地の中には、登記簿の記載通りの大きさでないケースも存在します。

「**縄のび**」「**縄ちぢみ**」といって、登記簿の面積と実測の面積が異なることがあるのです。戦前の徴税方法などの関係で地主が面積を少なく申告していたり、長い歴史の中で隣地との境界線があいまいになっていたり、口約束で境界を設定しているケースもあったりします。中には、隣人が境界線を移動させているケースなどもあります。

現地調査では、想定外のことがたくさん発生します。その想定外に対応できるのは、やはり相続の専門税理士でないと困難です。

資産の棚卸をして、収益力をチェックする

以上をふまえて被相続人は、自分の金融資産を調べることに徹しましょう。

資産評価は専門家に任せるとして、第一のランナーである被相続人がやらなければいけ

ないことは、一にも二にも資産の棚卸です。主となる不動産以外に、自社株や金融資産がどのくらいあるのかを財産目録として記録することです。不動産であれば、収益を生む不動産と、収益を生まない不動産で分けてもいいかもしれません。

今後、納税資金をつくるために活用できそうな不動産には次のようなものがあります。

①利回りの良い不動産
②駅近の不動産
③自宅とその敷地など

そのまま所有するよりも相続前に売ってしまった方がいい不動産としては、次のようなものがあります。

①後継者がいない農地や、使うあてのない農地
②山林

③不整形地
④広大地
⑤バブル期に購入したものの、価格が大幅に下がっている土地
⑥低利回りのアパートやマンション
⑦共有名義の不動産など
⑧借地人のいる土地

先祖代々の土地で愛着が深い不動産でも、それがのちの相続で足を引っ張るようであれば、売却して資産価値の高い土地に買い換えるということも考えておきましょう。その方が、間違いなく後の世代のためになります。

自分で作った財産目録を持って相続専門税理士に相談すれば、ざっくりとした資産の評価額と相続税額を計算してもらえます。そこで相続税が発生すれば、納税資金がどのくらいになるのかを確認します。十分な納税資金があれば問題ありませんが、多くの場合は不動産で相続財産を所有しているため、納税資金をつくる必要があります。納税するめどが立っているケースでも、方法によってはさらに節税できることもあります。

相続財産の規模が大きく、多額の相続税が課税されるケースでは、法人化を視野に入れた対策が必要になります。しかし、多額ではないものの、それなりに相続税が課税されるケースでは、そのまま個人で所有するのか、それとも法人で所有するのかが分かれ道になります。

「全体でいくら節税できるか」を考えて資産を整理する

相続税対策として不動産を購入したり、土地にアパートやマンションを建てて資産価値を下げる節税対策をとる時に重要なことがあります。

それは、その対策をとることととらないことで、どのくらい税金に影響があるのかを具体的な数字で検証することです。

たとえば、評価1億円の更地に1億円の借り入れをして賃貸アパートを建てるとします。

この場合、土地は貸家建付地となるため、土地の評価額が２１００万円ほど低くなり、実際の土地評価額は７９００万円となります。

この時に建物評価額が４０００万円だった場合、相続税評価額はアパートを建てない場合よりも８１００万円安くすみます。

この人が他にも資産を持っていて、相続税率が50％かかる場合は、相続税が９５０万円になります。アパートで相続した方が、更地で相続するよりも４０５０万円安くすむことになります。


一方で、アパートから得られる家賃収入の収益性も考慮する必要があります。

建てたアパートの相場が1室あたり月10万円で、仮に満室を想定すると１００万円になります。実際には、管理コストや空室、修繕などの積立てで月に10万円のコストがかかるため、90万円の収益となります。

アパートは木造なので、22年で法定耐用年数を過ぎてしまいます。耐用年数を過ぎるあたりから大規模な修繕が必要になったり、入居者が集まりにくくなったりします。なるべくお金をかけないようにして、入居者を集める方法を考える必要があります。

相続財産を圧縮して節税するのはいいのですが、建てたアパートに見込んだほどの収益性がなければ、金融機関から借りたお金を返すことができません。返済できなければ、相続税どころか、今後の生活が危うくなります。ですから、資産を減らすことばかりを考えるのではなく、きちんと収益性も見ながら購入することが大事です。

インターネットの普及で相続専門税理士が見分けにくくなっている

インターネットが普及したことで、相続専門税理士とそうでない税理士を見分けにくくなっています。

かつては、事務所に路線価図や住宅地図が揃っているかどうかが目印だったのですが、いまでは路線価図や住宅地図だけでなく、公図や謄本までもパソコン一つで揃えられるようになりました。

では、どういうところで専門家を見分ければいいのか。それが先ほどお話しした「現地調査」です。専門家でない場合、現地調査をしてくれないことが多いので、そこで専門家かどうかを判断する材料とするのがよいと思います。

私の場合、現地調査には原則として依頼人にも同行していただきます。理由は、ズバリ**税務調査**対策のためです。**相続税の税務調査は相続税申告の翌年に行われることが多いのですが、申告漏れが発見される確率が非常に高いことが知られています。**税務調査の時にあやふやな回答しかできないと、申告内容を疑われることが多くなってしまいます。

チームメイト（兄弟）を増やし「広く浅く」所得を分散させる

次に行うことは、相続人の数の把握です。

節税するための大きなポイントは、相続人一人あたり600万円の控除枠をどのように活用できるか、一人あたりの相続財産をどのくらいにするのかなどに関わってきます。

相続人があまりに少ない場合、養子を考えるという手もあります。

資産額の多い芸能人の例でいうと、ビートたけしさんは、かつて奥さんと息子さん、娘さんの4人家族でした。しかし、娘さんにお子さん（孫）が生まれた時、わずか1歳ぐらいで養子に迎えています。さまざまな憶測がありますが、私は相続対策だと考えています。

一人でも法定相続人が増えれば、少ないながらも控除枠は増えますし、一人あたりの相続財産を減らすことによって、相続税率そのものを減らすことができます。

あくまで仮の計算として、シミュレーションしてみましょう。

30億円の資産があるとします。孫を養子にする前の法定相続人は妻、息子、娘の3人です。財産を3人で分割すると、子ども一人あたり約7・5億円になります（妻は半分まで配偶者控除が使えます）。

相続税は「6億円を超える部分」には「55％」の相続税がかかることになります。しかし、孫を養子にするケースでは、妻と子3人で分割することになります。そうなると子どもも1人あたりの相続財産を5億円にできるので、相続税率が5％下がって50％ですむというわけです。

養子縁組で望む人に「遺贈」する

ある地方都市で起きた相続の話です。

父親は、一代で大きな資産を築いた実業家でしたが、昭和60年に他界し、相続が発生しました。そこで、父が行っていた事業のほとんどを長男が受け継ぎ、そのサポートを次男が行っていたのです。

平成22年には、母親も他界しました。ところが、母親が亡くなってから数年後、長男が末期のガンであることが発覚しました。このままだと数年しか生きられないということで、私に相続対策の依頼がありました。

長男は父親の事業を受け継ぎ、5社ほどの会社を束ねる経営者ですが、独身で子どもはいません。長男が亡くなれば、次男と長女で長男の財産を分配することになります。財産のほとんどは事業会社の株式でした。

よくよく話を伺ってみると、長男と長女はあまり仲が良くなく、長男が持っている事業をこのまま長女に渡したくないということでした。

そこで私は、長男に養子縁組の話を持ちかけました。養子がいれば、長男の財産はすべて養子が受け継ぐことになり、長女には財産分配はされません。最初は次男の子どもを養子にすることを検討していましたが、ガンで亡くなる長男の養子に入るのは心理的に大変だということで、次男が養子に入ることを提案しました。民法上は、1歳でも年下であれば、養子は成立するのです。養子は2人まで持てるため、次男の奥さんも養子にしてさらに控除額を増やす方法を提案しました。こうすれば、長女には一切事業が渡らないだけでなく、以前からサポートしてきた次男が長男の事業を承継するので、スムーズに経営を移行することができます。

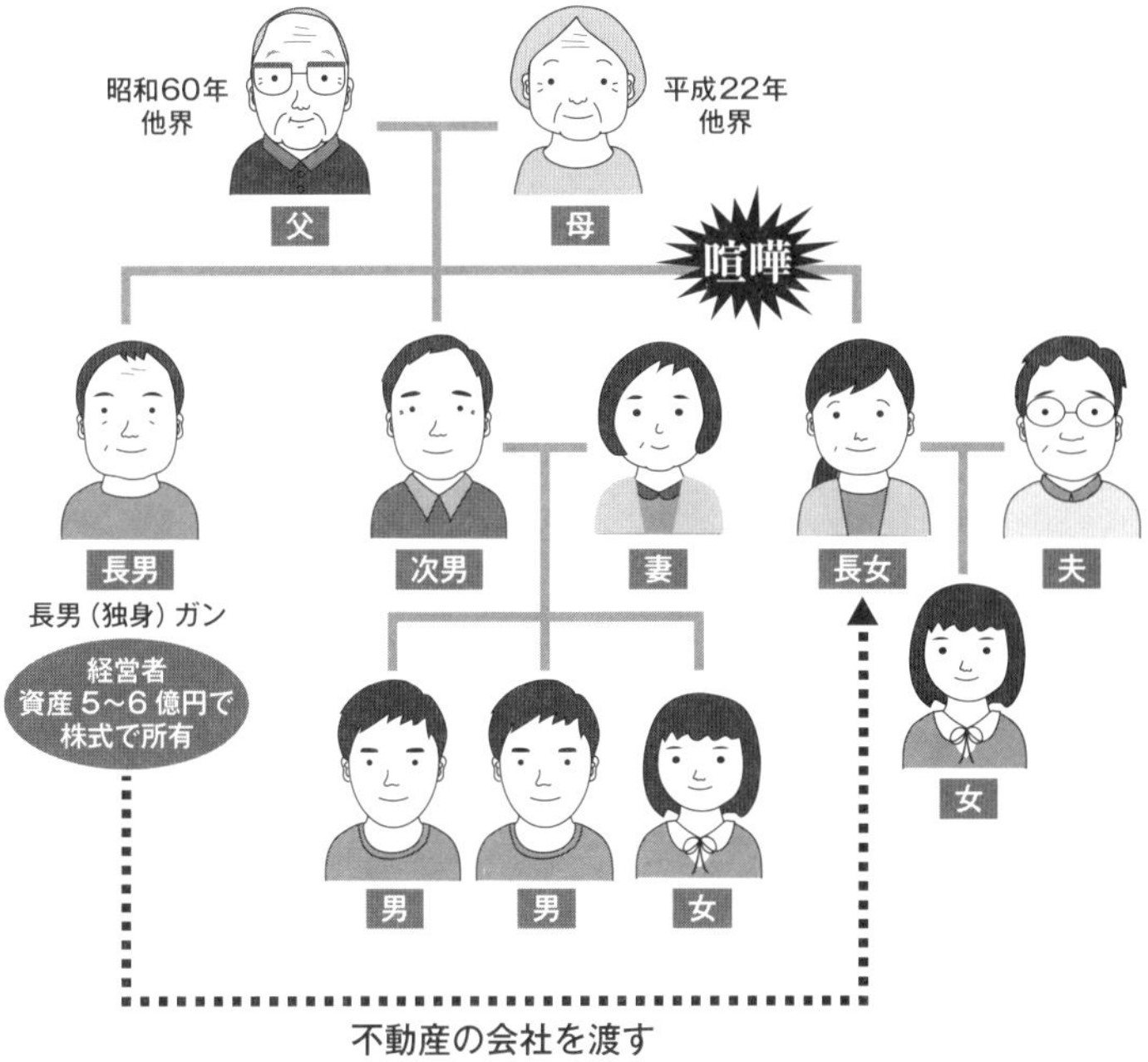

長女は次男の養子縁組の件をまったく知らないので、相続が始まれば、自分に配分がないことを問題視するかもしれません。そこで、私は長男にあらかじめ不動産賃貸業で収入が安定して入る会社を長女に贈与することを提案し、長女の資産と生活を安定させる対策も行いました。

養子も増えたことで、節税枠が増えるだけでなく、結果的に事業承継の道筋もきちんと行うことができました。現在は、来るべき相続のために、次男は自分の子どもを長男の養子として迎え、さらに養子を増やして次世代の節税を図っているそうです。

養子を増やし、法人を作って節税枠を拡大する

ただし、何でもかんでも節税のために養子をつくればいいということではありません。ある事例をご紹介しましょう。

兄弟姉妹は5人。男性が1人、女性が4人です。そのうち1人の女性には子どもがいないのですが、預貯金が1億円、不動産が1億円で合計2億円の資産がありました。そこで相続対策のために、姪のA子さんを養子にしようとしました。ところが、これでは相続税の税負担が重くなってしまいます。なぜなら、現状では兄弟姉妹が相続人になれるため、4人で相続することができるのに対し、A子さんを養子にすると、A子さん1人が相続人になってしまうからです。

兄弟姉妹4人で相続する場合は、次のような計算式になります。

相続財産2億円－基礎控除5400万円（3000万円＋600万円×4人）
＝1億4600万円（課税対象額）

これを4人の相続人で割ると、3650万円。これに相続税率をかけると1人あたり530万円となります。

これに被相続人の一親等の血族（子ども、養子）および配偶者以外（代襲相続人となった孫も含む）に加算される相続税の2割加算がありますので、注意が必要です。

4人の合計税額は、530万円×1・2×4人で2544万円となります。

一方、Aさん1人で相続する場合は、次のような計算式になります。

相続財産2億円－基礎控除3600万円（3000万円＋600万円）
＝1億6400万円（課税対象額）

これに相続税率をかけると、４８６０万円となります。つまり、Ａさんを養子にして相続をすると相続税が倍近くになってしまうのです。

何でもかんでも養子にすればいいというわけではないことの意味が、おわかりいただけたでしょうか。相続財産と相続人をきちんと見極めて、総合的な立場で検証する必要があるという良い例です。

法人を作ることで節税になる理由

所有している不動産にアパートやマンションを建てて不動産事業を行い、納税資金を貯めつつ株式会社として法人化することで、相続人に相続財産を分散することができ、結果的に節税が可能になります。

言うまでもなく、株式会社とは「株主が資金を出資する会社」のことです。経営者は株主が主宰する株主総会で選出され、承認されます。そうして委任を受けた経営者（役員）が経営します。相続人である配偶者や子どもに相続財産を贈与し、新たに株主を配偶者や子どもになってもらうことで、相続財産の分散を図ります。

被相続人は、株主以外であれば誰でもかまいませんが、被相続人を役員にして、役員報酬を支払うことになれば、相続財産を分配したことにはならないので注意しましょう。

また、相続人を株主にすると同時に役員にすることで、会社の収益を役員に分散することができ、さらなる節税効果が見込めます。従業員と異なり、役員ならば経営に関与することにより役員報酬は1か月に1回、1時間の仕事でも会社に貢献しているとみなされます。ところが、従業員だと、それでは1時間分の給料しか支払うことができません。これでは会社の収益を効率的に分散することが難しくなります。

なお、役員報酬は毎月同額を支払うことが重要です。毎月の金額が異なると、同額でない部分については賞与としてみなされ、経費にすることができません。経費にできないと、相続財産をスムーズに相続人に移転させることもできなくなってしまいます。役員の給料は基本的に経費に計上できるのですが、事前に届け出ている賞与以外の賞与は計上できないことを覚えておきましょう。

従業員の場合は、給与も賞与も全額経費にすることができますが、前述のように支払うためには、労働の対価としての条件が必要になるので注意が必要です。

多すぎる役員は認められないことも……

このように、法人化して役員報酬で相続人に相続財産を分配する方法は、相続税の節税方法として非常に優れているところがあります。考え方としては、役員が多ければ多いほど、会社の収益を役員に分散することができるので、役員は多いほうがいいのです。

しかし、だからと言って役員を増やしすぎるのは考えものです。法律上は、役員の数に制限はありませんから、法的には問題ないのですが、会社の規模や内容からいって、何十人もいるというのは不自然だと言われることもあります。ですから、常識の範囲内で役員の数を設定することが大切です。また、孫を役員にしようと考えている場合、学生や未成年者に対する役員報酬は認められないので、こちらも注意が必要です。

富裕層向け課税の強化

国税庁の資料によると2017年から、富裕層専門のプロジェクトチームを全国税局等に置くなど、富裕層への課税強化に力を入れています。

国税局の富裕層専門担当者は、対象となる富裕層だけでなく、その関係個人や関係法人（富裕層グループ）の抽出を行ったうえで、富裕層グループに係る資料情報の集積と分析を行い、国際課税や複数の税目にわたる税務調査の企画をして調査実施担当部署へ引継ぎを行っているといわれています。富裕層の税務調査にあたっては個人だけでなく法人も調査対象になる可能性があるという心構えをすべきです。

収集・分析の対象となる資料情報としては、例えば、所得税確定申告書や法人税確定申告書、財産債務調書、国外送金等調書、国外財産調書などの資料のほかに、外国の金融機関等における金融口座情報（CRS情報）や租税条約に基づく情報交換によって得られる情報などがあります。特に海外に保有している資産の情報はこれまでに比べて収集しやすくなっているため、今後の税務調査のトレンドになることが予想されます。

所得税と法人税、どっちが安い？　所得税率と法人税率のトレードオフ

今後の日本の税制の流れを見ていると、個人の所得税は上がっても、下がることはない

と考えられます。一方、法人税は諸外国と比べるとまだ比較的高額なため、日本企業の国際競争力を高めるために税率を下げる傾向にあります。

現在でも、法人の実効税率（実質的な法人税や法人住民税等を合わせたもの）と個人の所得税率を比べてみると、節税には法人の方が効果的だということがおわかりになると思います。

法人税は、会社の規模によって変わります。資本金1億円以下の法人の場合、東京都のケースでは年間の法人所得が８００万円までは法人税・地方税・事業税を合わせた実効税率が約23％、８００万円を超える金額は約34％になります。

個人の所得税率では、８００万円であれば税率は所得税率23％、住民税率10％。１０００万円では所得税率33％、住民税率10％となります。法人化して法人税を払った方が、個人で所得税を払うよりも節税できるのです。

相続税を減らすためにやるべきたった一つのこと

相続税を減らすポイントは、基本的にたった一つ。

それは、自分たちがいまどのくらいの資産を持っているのかを知り、最終的にどのくらいの相続税が課税されるのかを把握することです。私は「相続税の債務」と呼んでいますが、それを把握することがとても重要になります。

例えば、事例でも出てきましたが、自社株の評価が高いケースや評価の高い不動産を複数所有しているケースです。これらのケースでは、相続がスタートすると相続税の課税額がとても高くなってしまいます。ですから、「相続が始まった時にどのくらい節税できるか」という観点から、相続税の債務を減らす努力をしてみてください。

例えば、自社株の評価を下げる場合、利益を圧縮するために社長に多額の退職金を支払う方法や、大きな設備投資をするなどの方法があります。

一方で、不動産の評価が高ければ、小規模宅地等の特例を活用するために自宅を売って都内に引っ越したり、アパートやマンションを建て、貸付地などにしたりすることで評価を下げる方法があります。相続財産全体の評価を下げることで、次世代に相続財産をスムーズに移転できるのです。

Column

税務署に否認される節税策が増えている

相続税の税務調査で、これまで認められていたような節税策が、最近否認されるケースが増えています。理由は、国税局が「租税回避行為」とみなし厳格に臨むようになったからからだと考えています。

たとえば、ある中小企業に取引銀行が持ち株会社の株式を活用して節税するアイデアを提案したところ、税務署に認められませんでした。そのアイデアというのは、こうです。

中小企業社長は、A社とB社に100%出資しています。A社とB社はともに相続税評価額が高いので、まず取引銀行がA社の株式の買取り資金をB社に貸し付けます。次に、B社がA社を子会社化します。子会社化によって、B社がA社の株式を買い取ることになります。国税庁の通達に従うと、これによりB社の相続税評価額が大幅に下がります。

一方、A社の大株主である社長のところには、株の売却益が入ります。そこで、その売却益を保険や投資信託などで取引銀行が預かります。このようなスキームです。以前から金融機関を中心によく行われてきた節税案ですが、相続税が改正されてから、こうした株の評価減は租税回避行為と見なされやすくなりました。「沿道のヤジ」もほどほどに聞いておかないと、大きな損をしやすい情勢になっているといえそうです。

第5章

あらゆる方法で「たすき」という名の財産を渡し続ける

贈与を活用して、細かくたすきを渡し続けよう

第4章では、駅伝走法の全体の戦略を紹介しました。この章では、すぐに取りかかることができる贈与を活用した節税方法を紹介します。

贈与税は、相続税よりも高い税率で知られていますが、活用次第によっては、納税する税金を限りなく低く抑えながら、次世代に資産を移転する便利な武器となります。生前に財産を移転するので、被相続人の意思も尊重することができます。

1年ごとに細かくたすき（資産）を渡す方法もあれば、ランナーを増やしながら、多くのランナーにたすきを渡していく方法もあります。

資産が1～2億円までは、個人のまま省エネ走法を維持しよう

資産を把握した時、総資産が1億円から2億円までであれば、相続税がかからないようにすることはそんなに難しくありません。ですので、法人を設立して納税資金を確保する

必要は、特別な場合を除いてほぼありません。ただし、生前にきちんと対策をしなければ課税される可能性も高いので、注意しましょう。

まず、節税対策の柱は、生前に相続人に財産を移転すること、すなわち生前贈与になります。ちなみに、贈与すれば相続税は課税されませんが、贈与税が受け取る側にかかります。贈与税は累進課税で、最高税率が55％です。

最高税率が課税される贈与価額は４５００万円。これは相続税の最高税率が課税される６億円超よりも低額で課税されることになります。これが「贈与税は高い」と言われるゆえんにもなっています。特に３００万円を超える贈与では、20歳以上の子や孫よりも20歳未満の子や孫へ贈与する方が税率は高くなるため、注意が必要です。

基本は「暦年課税制度」を活用した贈与です。

暦年課税制度は、その年の1月1日から12月31日までの1年間に、贈与でもらった相続財産について課税する制度です。この制度のメリットは、毎年基礎控除額の1人あたり１１０万円までであれば課税されないことと、相続人以外にも財産を贈与できるという点。

贈与回数と贈与人数を増やすことで、税負担なく財産を渡すことが可能です。
相続財産が仮に1億円の場合、配偶者と子ども3人、子どもの配偶者3人、孫が3人のケースでは、1年間で1100万円の財産を無税で贈与することができます。これを10年間繰り返すことで、約1億円を無税で親族に贈与することができるのです。

贈与として認められないものに注意

ただし、贈与された財産として認められないケースもあります。それは、「相続または遺贈により財産を取得した人が、被相続人から受けた相続前3年以内の贈与について、相続財産に足し戻されてしまう」ケースです。これを「**3年内贈与加算**」のルールといいます。

つまり、相続が発生する3年以内に贈与した財産は、相続財産として課税対象になる可能性が高いので注意が必要です。よって、特に相続人には相続が発生する3年前までには、贈与を完了しておくことが必要になりますが、相続が発生することは予測できないので、なるべく早く贈与することが大切です。

こうした事態を避けるためには、相続人でない孫や子どもの配偶者に贈与するという方法もあります。

また、贈与はあげる側、もらう側双方の合意が原則です。親が勝手に子ども名義の口座に振り込んでも、贈与とは認められず、**名義預金**として税務調査の対象になってしまいます。ですので、きちんと親子の間に合意があるということを客観的に示すために、書面で**贈与契約書**を結んでおく必要があります。

さらに万全を期す税務署対策としては、わざと111万円の贈与を行い、毎年贈与税の申告をするという方法があります。111万円の贈与にかかる贈与税は10%。つまり、1000円を納税することで、税務署に対して「贈与しましたよ」という証拠を残すことができるというわけです。

3年内贈与加算を避ける生前贈与の極意

前述した「3年内贈与加算」は、相続人と、遺言によって財産を取得した人だけに適用されるルールです。繰り返しますが、相続が起こる3年以内の贈与は、贈与税を納めて贈与しても、相続が始まると、贈与がなかったものとして相続財産に組み込まれてしまうというものです。

一応、贈与税と相続税の二重払いにならないように、相続税額からすでに納付した贈与税分は差し引くことになっているので、損をするわけではありません。しかし、先に贈与税を支払って相続税を得しようとしている人たちにとっては、意味がなくなってしまいます。

3年内贈与加算を避けて、贈与する場合にはどうすればいいのでしょうか？

基本は「相続人以外（相続財産を取得しない人）に贈与する」ということです。事例を交えてご説明しましょう。

90代の母親と60代の子ども1人。子どもには、配偶者と子どもが2人います。母親は一次相続で父親から3棟、計2億円の賃貸不動産を相続しました。そのうち1棟はローンもなく、毎年2100万円の収入をもたらす優良物件です。母親は、この物件を息子の妻と孫の2人に贈与しました。実は、ローンの残っている物件を贈与すると「負担付き贈与」といって時価で評価しなければならず、そうすると時価は2億円にもなってしまいます。

しかし、この物件にはローンがないため、**固定資産税評価額**で評価できます。その場合、

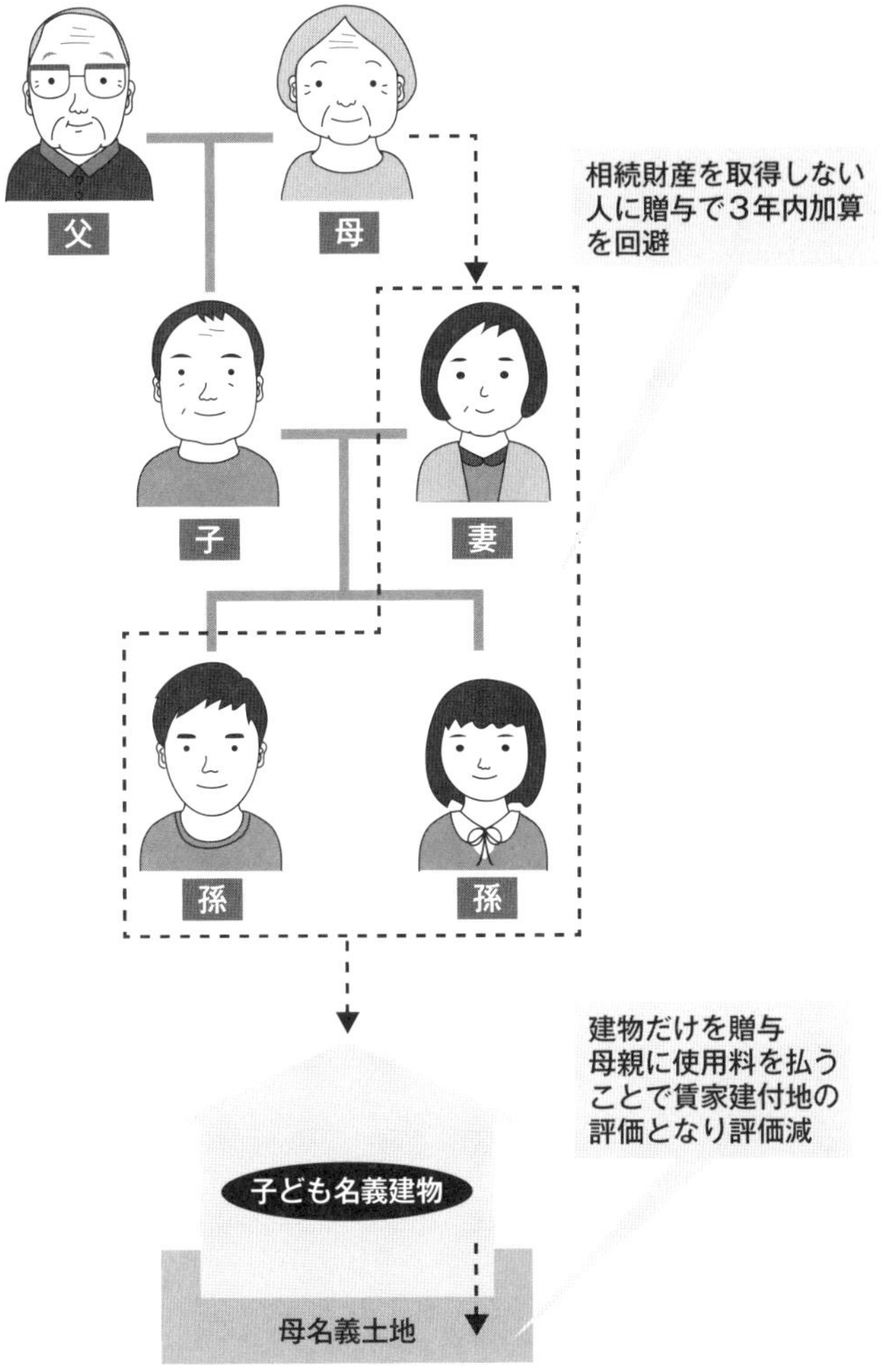
父
母
相続財産を取得しない
人に贈与で３年内加算
を回避
子
妻
孫
孫
建物だけを贈与
母親に使用料を払う
ことで賃家建付地の
評価となり評価減
子ども名義建物
母名義土地

5400万円になります。アパートや貸家、貸店舗などの不動産は固定資産税評価額の7割の評価に減額できるので、3780万円に評価額を下げることができます。

これを3人に贈与すれば、1人あたりの贈与税が270万円になります。


計算式は次の通りです。

(1260万円 − 暦年贈与の基礎控除110万円)×税率40% − 控除額190万円＝270万円

贈与税が270万円とは高いと思われるかもしれませんが、もとは2億円の建物で、しかも毎年各人に700万円の賃料収入が入ることになっています。

息子に贈与しなかったのは、父からの相続をすでに受けていることと、いずれ息子が他の資産を母親から相続するので、息子に資産が集中してしまい、節税の面から見てあまり良くないと考えたからです。

しかも息子は相続人ですから、相続が始まれば3年内贈与加算が適用され、贈与による節税効果が消えてしまいます。

このように相続人を外しながら贈与することで、節税効果の高い生前贈与を実施できるのです。

教育・住宅・結婚・出産などの贈与で財産を賢く移転する

教育・住宅・結婚・出産など、子ども世代、孫世代で一番お金がかかる人生のイベントのシーンを活用して課税されない贈与制度を活用することで、財産を移転する方法もあります。

非課税の贈与制度は、2013年に導入された「教育資金の一括贈与に係る贈与税の非課税措置（最大1500万円まで）」、2015年に導入された「**結婚・子育て資金の一括贈与に係る贈与税の非課税措置**（最大1000万円まで）」があります。

教育資金や結婚、出産、子育て費用として活用する場合、贈与税は非課税になりますが、金融機関に口座を開いて贈与金額を預け、領収書を提出して必要な分を引き出す方式になります。

「教育資金の一括贈与に係る贈与税の非課税措置」の場合、贈与している期間中に贈与している人（被相続人）が死亡した場合、課税の対象になりません。また、生前贈与加算の対象ではない（相続開始3年前でも相続財産に組み込まれない）ので、相続が始まりそうな高齢の祖父母でも一括して贈与することができます。

ところが「結婚・子育て資金の一括贈与に係る贈与税の課税措置」は、贈与者が死亡した時にその残額を相続財産に加算して、課税されることになっています。

このため、「結婚・子育て資金の一括贈与に係る贈与税の非課税措置」の方は、相続対策としてはあまり活用できる贈与の制度とは言えません。もともと、結婚費用や出産費用、子どもの医療費などは、常識の範囲内であれば、扶養義務のある親や祖父母が支払う場合、贈与税の課税対象にはなりません。

	結婚・子育て資金の一括贈与に係る贈与税の非課税措置	教育資金の一括贈与に係る贈与税の非課税措置
期間	平成27年4月1日から令和3年3月末	平成25年4月1日から令和3年3月末
受贈者	20歳以上50歳未満の個人	30歳未満の個人
贈与者	受贈者の直系尊属	受贈者の直系尊属
限度額	受贈者1人につき1,000万円(結婚費用300万円)	受贈者1人につき1,500万円(学校等以外の支払500万円)
使途	・結婚に際して支出する婚礼費用、住居に要する費用、引越に要する費用で一定のもの ・妊娠、出産に要する費用、子供の医療費、保育料のうち一定のもの	・学校等に支払われる入学金、授業料および学校等における教育に伴って必要な費用など ・学校等以外に支払われる金銭のうち一定のもの
終了事由	①受贈者が50歳に達したとき ②受贈者が死亡したとき ③信託財産の価額がゼロとなり終了の合意があったとき	①受贈者が30歳に達したとき ②受贈者が死亡したとき ③信託財産の価額がゼロとなり終了の合意があったとき
終了時の課税(終了事由①③)	残額に贈与税課税	残額に贈与税課税
終了時の課税(終了事由②)	残額があっても贈与税の課税なし	残額があっても贈与税の課税なし
期間中に贈与者死亡	贈与者死亡時の残額を相続財産に加算	課税なし

「おしどり贈与」を活用した節税

居住用の不動産が相続財産の場合、被相続人一人ではなく、配偶者の協力があって財産を生み出すことができたという考え方があります。そのため、この内助の功を評価した特例が、贈与税の配偶者控除、いわゆる「**おしどり贈与**」です。

おしどり贈与で大きな恩恵を受ける人は、相続財産の金額が大きく、相続税の税率が高くなってしまう人、居住用不動産の面積が３３０㎡以上など、小規模宅地等の特例の節税効果があまりない、どうしても居住用不動産の名義を配偶者に変更しておきたい、などがあります。

「おしどり贈与」を活用するためには、結婚してから20年以上経っていることが前提です。自宅やその購入資金の贈与があった場合、最高２０００万円までの配偶者控除が認められます。暦年贈与と併用すれば、２１１０万円までは贈与税がかかりません。

「おしどり贈与」を活用するためには、適用条件がいくつかあります。きちんとチェックしておきましょう。

①婚姻期間が20年以上である
②夫婦の居住用不動産の贈与、または居住用不動産の取得のための金銭の贈与である
③贈与の年の翌年3月15日までに夫婦が居住し、かつ引き続き居住する見込みである
④前年以前に同一の配偶者からおしどり贈与を受けていない
⑤土地または借地権のみの贈与の場合、家屋の所有者が配偶者または同居している親族である

不動産を贈与する時に「コスト高」になってはいけない

不動産を贈与する時には、さまざまなコストがかかるので注意が必要です。相続税のコストと贈与した時のコストを比較してあまりにコストがかかる場合は、何らかの対策を講じる必要があります。

不動産を贈与するときにかかるコストは大きく分けて、次の2つです。

①登録免許税

不動産の所有権移転登記にかかる登録免許税は、固定資産税評価額に相続か贈与かで税率が大きく変わります。

相続による名義変更の場合……4／1000
贈与による名義変更の場合……20／1000

つまり、贈与で名義変更する場合は、相続で名義変更をする場合に比べて5倍の費用がかかるということです。

たとえば、固定資産税評価額が2000万円の土地の場合で考えてみましょう。相続の場合は、登録免許税は8万円ですが、贈与の場合の登録免許税は40万円となります。

②不動産取得税

不動産を取得した時にかかる税金のことです。相続で不動産を取得する場合には不動産取得税はかかりませんが、贈与の時にはかかります。

たとえば、固定資産税評価額が2000万円の土地の場合、次のような計算式で不動産取得税を計算します。

2000万円×1／2×3%＝30万円

となり、税金の負担が大きくなります。贈与で相続税を節税するのであれば、必ず不動産に詳しい税理士のシミュレーションを受けるようにしてください。

ジュニアNISAを活用した節税

NISAを活用して節税をするという方法もあります。

NISAは、2014年にスタートした、株式投資や投資信託などを運用した運用益を一定額非課税にする制度です。口座の資格者は20歳以上です。

２０１４年のスタート時の非課税枠は１００万円でしたが、２０１６年1月から非課税枠が拡大し、１２０万円になりました。２０１４年から２０２３年まで毎年、１２０万円の非課税枠を活用することができます。**ただし、非課税枠を活用できるのは最大で5年間、投資総額は5年×毎年１２０万円で６００万円となっており、それ以上の金額は非課税にはなりません。**売却した場合、非課税枠の再利用はできません。

ＮＩＳＡを相続税の節税に応用するには、投資する資金として親が暦年課税制度の非課税枠内（１１０万円）で贈与する形になります。

２０１６年1月以降から導入された**ジュニアＮＩＳＡ**は、２０１６年から２０２３年までの8年間のうち最大で5年間分、毎年80万円の非課税枠が設定できます。投資総額は5年間×毎年80万円＝４００万円です。口座の資格者は0歳から19歳までで、18歳未満が口座からお金を引き出した場合は課税されるので注意が必要です。

たとえば、子ども2人（ＮＩＳＡ）と孫2人（ジュニアＮＩＳＡ）の場合は暦年課税制度と併用することで、年間最大３８０万円（１１０万円×２＋80万円×２）の節税も可能です。

投資によって得た利益（譲渡益）は、子や孫の財布に入ります。譲渡益や配当にかかる利益も非課税になります。こう見ると節税にとってメリットは大きいのですが、運用した結果として損失が出る可能性もあります。ですから、リスクを許容できる範囲で投資対象を厳選して投資することが重要になります。

生命保険を活用した節税

生命保険は、契約者が被相続人で受取人が相続人の場合、民法上は相続財産ではなく、遺産分割の対象になりません。ですが、相続税の税法上はみなし相続財産として課税対象となります。生命保険には非課税枠があり、相続人が死亡保険金を受け取ると、500万円×法定相続人の数までは課税されません。仮に、法定相続人が2人いる場合は500万円×2人＝1000万円となり、1000万円までは非課税になります。この場合、2000万円の死亡保険金を相続人の一人が受け取ったとしても2000万円－1000万円（保険金の非課税枠）で1000万円だけが課税対象になります。

生命保険を活用して節税する場合は、生命保険料を相続財産から非課税枠の限度内で支払うことで、結果的に相続人に財産を移転する形になります。

Column

「契約者貸付制度」は相続貧乏から脱出するための便利な制度

生命保険を活用して相続対策を取る場合、考えなければいけないのが、相続が発生するまでの資金や相続後の足りない納税資金をどうやって確保するかです。高額な保険料を支払うことで手持ちのお金がなくなり、生活できなくなってしまっては意味がありません。そこで活用したいのが、契約者貸付制度です。

契約者貸付制度とは、解約返戻金の90%に相当する金額まで保険会社が融資をしてくれる制度のこと。もちろん、借りる時には金利がかかるので、注意が必要です。借りたままになっていると、金利が雪だるま式に増えていき、元本に大きな影響が出るような金額にならないように注意します。

金利は、2.3%から3%の割合になります。借りた分は、返済することもできますが、保険を解約したり、保険金を受け取ったりした場合に、相殺できるようになっています。いざという時の現金として活用できるということを知っておきましょう。

第6章

「不動産の特例」を活用して合法的に資産を圧縮する

相続開始後でも不動産は評価減できる

第3章でお話ししたように、不動産は一物四価・一物五価と呼ばれ、さまざまな評価方法があります。また相続の仕方によっては、大きく評価減をすることが可能です。

たとえば、相続税の不動産評価は路線価によって行われますが、2つの道路に面している土地がある場合、どのように評価をすればいいのでしょうか。

税法のルールでは、2つの道路に面している場合、高い方の路線価で財産評価をするということが決められています。

正面道路（路線価が高い方の道路）が1㎡あたり200万円、裏面《りめん》道路（路線価が低い方の道路）が50万円で、300㎡土地の場合、評価は高い方の路線価で計算します。

補正率を無視したあくまで概算ですが、200万円×300㎡で評価額は土地だけで6億円になり、相続税は2億4000万円となります。ところが、土地を150㎡ずつ2つに分けて相続人がそれぞれ相続すると、不動産評価が下がるので、相続税も下がります。

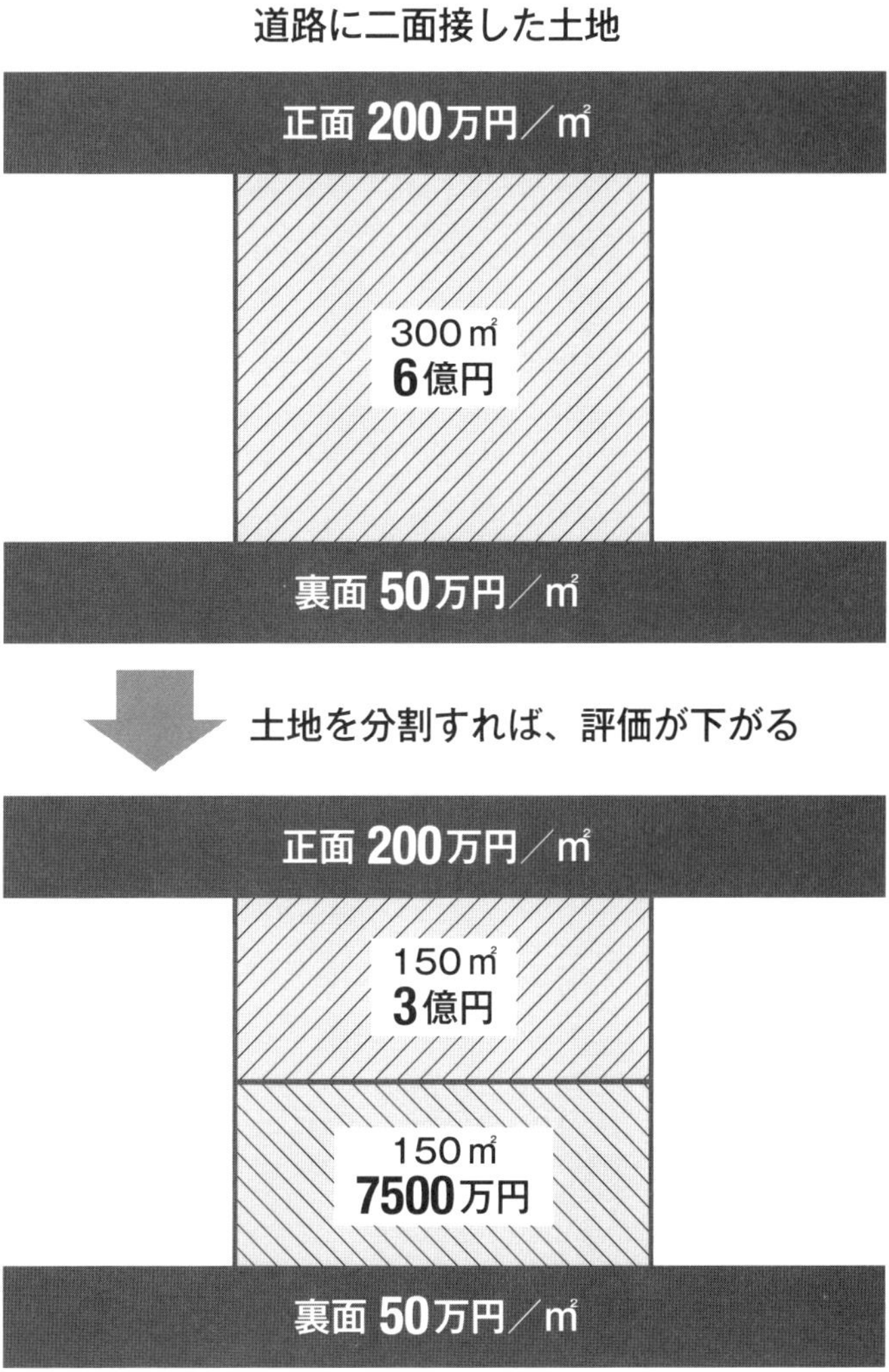
道路に二面接した土地
正面 200万円／㎡
300㎡
6億円
裏面 50万円／㎡
土地を分割すれば、評価が下がる
正面 200万円／㎡
150㎡
3億円
150㎡
7500万円
裏面 50万円／㎡

1㎡200万円の道路に面している土地は、200万円×150㎡で3億円になります。1㎡50万円の道路に面している土地は、50万円×150㎡で7500万円です。2つの土地を合わせた評価は3億7500万円となります。2億2500万円の評価減です。相続税も1億2750万円になります。

このように、土地を2つに分割しただけでも1億円以上の節税になるのです。もちろん、不動産を熟知していなければ節税方法の提案はできませんが、活用できれば非常に大きな節税方法となります。

小規模宅地等の特例（80％評価減）は、まず適用できるか検討すべき

不動産を相続する際に、まず考えていただきたい節税方法は、「小規模宅地等の特例（小規模宅地等についての相続税の課税価格の計算の特例）」が適用できるかどうかです。

この特例の魅力は、路線価で評価されている土地の評価が最大8割減額されるので、この特例が適用できれば、課税されないケースもあるということです。大幅な評価減が期待

できる特例ですが、すべての土地に適用できるわけではなく、条件があります。ただし、一定の条件を満たす宅地であれば、その評価額から大幅な減額を受けることができる、というところがポイントです。

なお、「小規模宅地等の特例」の適用ができるのは、「宅地等」であることが条件です。「宅地等」以外の土地は、この特例を適用できません。「宅地等」とは、マイホームなど居住用の建物や、店舗や工場など事業用の建物が建てられている土地のことです。

ちなみに、「宅地等」の中には貸し駐車場も含まれますが、草が生え放題の野ざらし状態では、「宅地等」とみなされない場合もあるので注意が必要です。青空駐車場でも、最低限アスファルトが敷いてあり、塀やフェンスなどで囲われて整備されているなど、「貸し駐車場として管理されている」という実態が必要です。

小規模宅地等の特例を活用するには

小規模宅地等の特例の条件は、「宅地等」であること以外にもいくつかあります。

まず、適用される上限面積が決まっており、自宅は330㎡が上限です。たとえば、相続する自宅を含めた土地が500㎡あれば、そのうちの330㎡分が8割の評価減になり、残り170㎡の土地は通常の評価を受けるということになります。店舗と自宅が併設されている場合、事業用宅地が400㎡、自宅が330㎡までで、最大730㎡まで適用できます。

ただし、賃貸アパートやマンションなどの貸付事業を行う宅地の場合は、上限面積が200㎡。減額割合も50％までとなります。

なお、相続人の配偶者が相続する場合は、無条件で適用できますが、子どもや自宅とは別に住んでいる相続人がいる場合は、次に挙げる条件をクリアする必要があります。

①被相続人と同居の法定相続人（子どもなど）が相続する場合

相続税の申告期限まで法定相続人が自宅などに居住し、さらに所有することが特例適用の条件になります。

相続開始の直前における宅地等の利用区分			要件	限度面積	減額される割合
被相続人等の事業の用に供されていた宅地等	貸付事業以外の事業用の宅地等		①特定事業用宅地等に該当する宅地等	400㎡	80%
	貸付事業用の宅地等	一定の法人に貸し付けられ、その法人の事業（貸付事業を除く）用の宅地	②特定同族会社事業用宅地等に該当する宅地等	400㎡	80%
			③貸付事業用宅地等に該当する宅地等	200㎡	50%
		一定の法人に貸し付けられ、その法人の貸付事業用の宅地	④貸付事業用宅地等に該当する宅地等	200㎡	50%
		被相続人等の貸付事業用の宅地等	⑤貸付事業用宅地等に該当する宅地等	200㎡	50%
被相続人等の居住の用に供されていた宅地等			⑥特定居住用宅地等に該当する宅地等	330㎡	80%

②被相続人に配偶者や同居していた法定相続人がおらず、自宅を持たない相続人（家なき子）がいる場合

この場合は、次の条件をクリアする必要があります。

●被相続人に配偶者または、同居していた法定相続人がいない

●その敷地を相続する相続人が、3親等内の親族または特別の関係にある法人の所有する家屋に相続開始以前3年以内に居住したことがない

●相続税の申告期限まで所有している

●相続開始時に居住している家屋を過去に所有していたことがない

これらの条件をクリアすることで、特例が適用できます。

一見して特例が適用できない場合には

ここで、よくある事例を紹介しましょう。母親と長男の相続のケースです。

母親は一次相続で自宅を夫から相続し、1人で住んでいます。一方、長男は結婚して、自宅を所有しています。一次相続では、小規模宅地等の特例を適用することができましたが、二次相続では母親が持っている自宅には、前述した条件を満たしていないので特例を適用できません。

この場合、どうやって問題を解決すればいいのでしょう。相続に弱い税理士はアドバイスせずスルーしてしまうところですが、相続専門税理士であれば「長男の孫の存在」に気がつくはずです。

幸い、このケースでは孫が相続の年の4年前に就職のため、長男の所有する家から出て

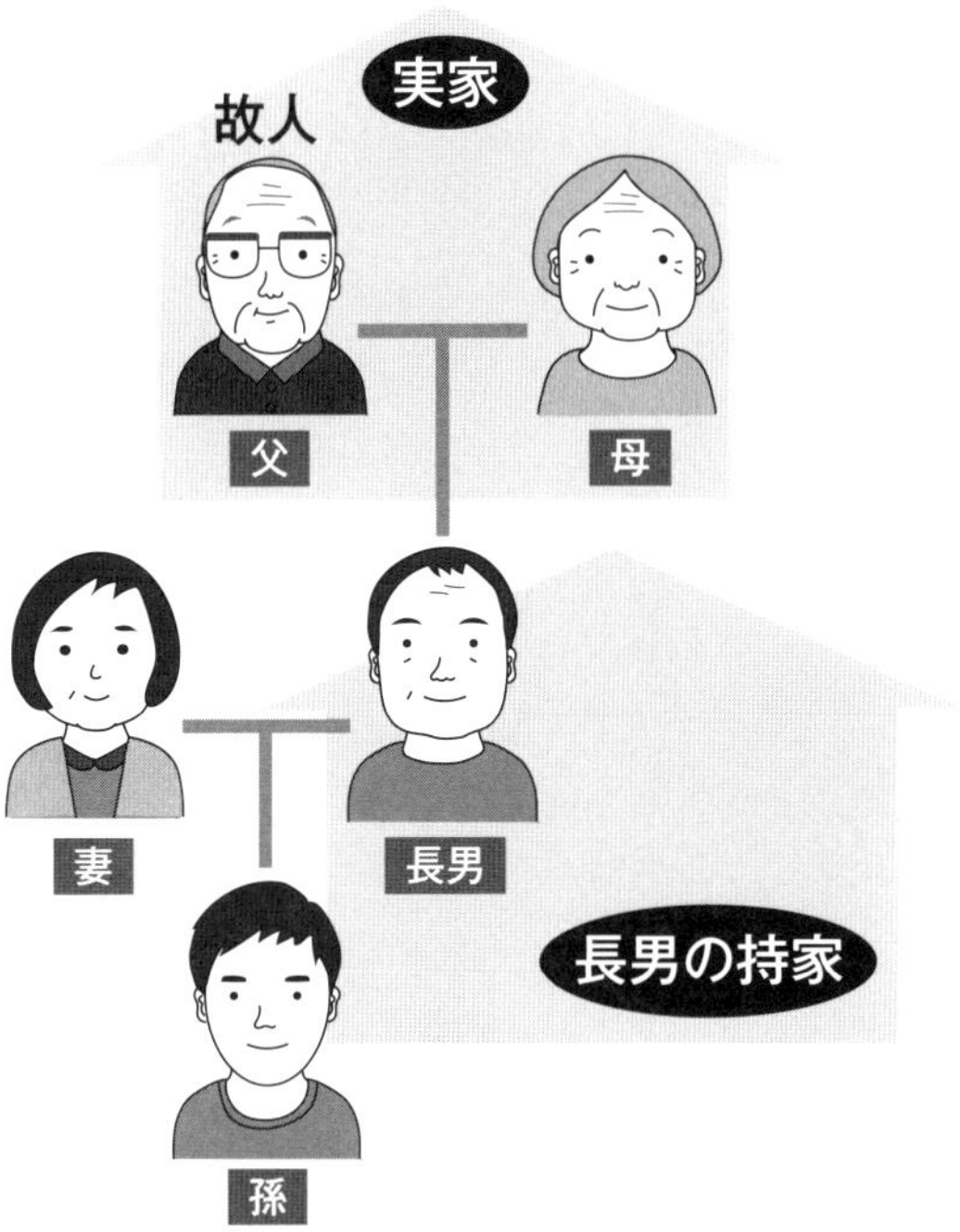

いました。孫はもちろん持ち家がないわけですから、②のケースに該当し、小規模宅地等の特例を活用できます。具体的には、孫を養子にしたり、もしくは遺言書による遺贈を行うことで特例が適用できます。

「一次相続では特例を活用できても、二次相続では活用できない」という常識的な考え方に囚われていると、なかなかこのようなアイデアは出てこないでしょう。柔軟に制度を見極め、相続税の節税につなげることが大切です。

孫養子の手続きや遺贈前に母親が亡くなるケースはどうするか

ところで、孫を養子にする手続きや遺言書による遺贈の前に母親が亡くなってしまったケースでは、どうすればいいのでしょうか？　実際の事例を見ながら考えてみましょう。

小規模宅地等の特例を活用できずに、相続が発生してしまうわけですが、私は、売却することで節税ができないか検討してみることにしました。

よくよく調べてみると、母親が住んでいた自宅は昭和52年築で、旧耐震基準で建てられた建物でした。旧耐震（1981年5月31日以前の建築）の建物については、2016年の税制改正で、相続をした空き家を売却した場合の所得税の軽減措置が創設されています。

この措置は、相続した旧耐震基準の家屋を耐震改修して売却するか、解体して更地にして売却する場合、**譲渡所得**の最高3000万円の特別控除が適用されるというものです。この措置の背景は、全国的に増えてきた危険な空き家対策の一環として制定されたものです。ただし、特例適用には、7つの条件があります。

①1981年5月31日までに建築された一戸建て住宅に限る。旧耐震基準で建てられたマンションは、その条件に入らない
②亡くなった人が1人で住んでいて空き家になったケースでは、相続開始により空き家になった家屋がその条件になる
③相続発生後、住んだり、貸したり、事業に用いたりしていない
④譲渡期間は2016年4月1日から2023年12月31日まで
⑤相続発生から3年後の年末までに売却する2013年1月2日以降の相続が対象になる
⑥建物を解体するか、新耐震基準を満たすように改修して売却する
⑦売却価格は1億円以下である

都心部などの入居需要が高いエリアでない限り、リフォームをしても買い手がつかないというケースもありえます。多くの場合、解体して更地にした方が売却できる可能性が高いと言えます。

仮に更地にした時に、5000万円の価格がついた場合の譲渡所得税の計算式は、次のようになります。

譲渡所得＝譲渡収入5000万円－｛取得費250万円（5000万円×5％）＋譲渡費用300万円（解体費用150万円＋仲介費用150万円）｝＝4450万円

3000万円の特例の適用があれば、譲渡所得は、4450万円－3000万円で1450万円となります。これに長期譲渡所得の税率（20・315％）をかけると、294万5675円となります。仮に特例適用がなければ、904万175円の税金がかかります。つまり、609万4500円の節税となるのです。

地価の高いエリアへ引っ越して節税する手もある

小規模宅地等の特例は、適用条件を満たせば、宅地であれば最大8割の評価減になるということです。これは別の観点から見ると、地価が高い土地の方が、小規模宅地等の特例を適用することで、より高い節税効果が期待できるということになります。

たとえば、都心部で1㎡あたり100万円の土地があったとします。その土地を100㎡持っていれば、1億円になります。特例を活用すれば、8000万円の評価減ができます。

一方、地方で1㎡あたり50万円の土地があったとします。この土地を100㎡持っていれば、5000万円です。特例を活用すれば、4000万円の評価減しかできないことになります。つまり、土地が高いほうが、節税効果も高くなるというわけです。

子が親と同居できない場合、賃貸物件に建て替える方法も

子が親と同居できない場合や、相続が予想以上に早まってしまい、同居の実態が認められない場合は、小規模宅地等の特例のメリットが享受できない、というケースもあると思います。そのような場合でも、被相続人が存命であれば**貸付事業用宅地**にして、不動産評価を下げる方法もあります。小規模宅地等の特例の適用条件は、自宅だけではないのです。事業用宅地にすることで、特例を適用することが可能です。

たとえば、一次相続で母親が自宅を相続したものの、子どもはそれぞれ自宅を持っていて、相続発生まで3年の猶予が見込めない場合。自宅を賃貸物件に建て直しをすれば、貸付事業用宅地となり、最大200㎡まで土地の5割の評価減をすることができます。

また、自宅が240㎡の土地の場合、そのうち200㎡の部分について適用することができます。仮に1㎡あたり100万円の路線価の場合、2億4000万円の評価となりますが、賃貸物件を建て、貸付事業用宅地にした場合、簡便的に80％として評価して、1億1200万円まで評価を減らすことができます。

計算式は次の通りです。

(240㎡－200㎡)×100万円(路線価)×0.8(貸家建付地評価)＋200㎡×100万円×0.8×50％＝1億1200万円

自宅として小規模宅地等の特例を使うときよりも、評価減の割合は減ってしまいますが、何もしないよりは充分に節税効果が見込める緊急策です。

やむをえず自宅を売却するケースの節税方法

二次相続で自宅に住み続けることができない場合、小規模宅地等の特例は使えません。だからといって落胆する必要はありません。あらかじめ自宅に住み続けることができないとわかっている場合は、自宅を売却して節税する方法もあります。

自宅の売却には、3000万円までの特別控除枠があるのです。不動産を売却すると譲渡税がかかります。しかし、自宅として住んでいた土地・建物の譲渡については、3000万円の特別控除が適用できるというのがこの制度の内容です。

なお、土地建物がすべて被相続人の名義だった場合、単純に3000万円の控除しか受けることができません。しかし、相続人との共有名義の場合は、子ども一人あたり3000万円の控除を受けることができるのです。共有名義としておくと、親子で最大6000万円の控除が受けられるというわけです。

子どもの建物の持ち分は、1%でも大丈夫です。わずかであれば、共有名義にした時に贈与税が課税されても少額ですむはずです。いつ共有名義にするのかといえば、いつでも結構です。被相続人が生きていれば、相続目前でも可能です。

ただし、被相続人と相続人の土地建物を共有名義で事前に持ち分を設定しなければ、当たり前のことですが、特別控除は３０００万円だけになってしまいます。実は単純なことなのですが、なかなか実践できないケースも多いのです。

税理士が知らないだけで、３０００万円もの控除枠がなくなる！

実際に、３０００万円の控除枠がなくなりかけたケースをご紹介しましょう。

ある二次相続の相談の案件です。将来的に自宅は売却を考えており、一次相続の時点で、敷地は母親と子どもの１／２ずつの共有になっていますが、建物は母親のみの名義になっているということでした。

居住用建物の所有者と敷地の所有者が異なる場合、建物の所有者については３０００万円の特別控除の適用がありますが、敷地のみの所有者には、原則としてこの特例は適用されません。

しかし、建物と敷地の所有者が異なる場合でも、建物所有者の譲渡所得の金額から特別控除額3000万円が全額控除しきれない時は、一定の条件を満たす場合に限り、その控除しきれない金額を敷地所有者の譲渡所得の金額から控除できます。

ところが、このケースでもし譲渡益が6000万円だった場合、母親の譲渡所得から3000万円控除すると、子どもは特別控除を使えなくなってしまいます。すぐに対応して建物を共有名義にできたからいいものの、そのことを知らなければ、控除枠は3000万円だけになってしまうところでした。

最初に依頼者から相談を受けた顧問税理士は、このままでは子どもの特別控除枠が受けられないということを承知していました。いずれは共有名義にしなければならない、とアドバイスをするつもりだったのかもしれません。しかしながら、それを本人に伝えなければ意味がないのです。ここでも専門家に任せないと問題が大きくなる危険が潜んでいます。

タワーマンションは相続税対策に最適？　投資として冷静に判断しよう

現金で資産を所有していて、相続が発生して準備時間がない場合は、**タワーマンション**の最上階を購入することで節税する方法があります。

マンションの評価額は、次のように計算されます。

建物（固定資産税評価額）＋土地（路線価×土地の持分）

平成28年度までは、マンションの固定資産税評価額は専有面積が同じであれば、低層階でも高層階であっても同じでした。しかしご存じのように、実際に販売されている価格は低層階と高層階では大きく価格が異なります。眺望の良い最上階は最も高い価格になることも少なくありません。

また、土地に関しては、マンションの全体の敷地を持分で按分しますが、高い階数にある部屋ほど土地の持分が小さくなるため、それだけ土地の割合が下がります。**つまり、「高層階であればあるほど、建物の価格と固定資産税の評価額の差が大きくなる」ということです。**

あるマンションのケースでは、南向きの最上階の分譲価格（時価）が1億円だったのに対し、その部屋の相続税評価額がたったの2000万円だったケースもあります。つまり、そのマンションの1室を購入すれば、評価額を8000万円も下げることができるのです。

しかし、平成29（2017）年度税制改正ではこの税負担の不均衡を是正すべく、高さが60ｍを超える居住用マンションの低層階の固定資産税を下げ、高層階の固定資産税を上げることになりました。

具体的には、1階を100とし、1つずつ階が増すごとに10／39（約0・256）を加えて補正しますが、建物全体の税額は同じなので、低層階は減税、高層階は増税となります。この改正により、タワーマンション節税の効果は若干薄まるといえます。

タワーマンションでさらに評価額を下げる方法

お話しした通り、タワーマンションの最上階は節税効果が高いのですが、さらに評価額を下げる方法をお教えしましょう。

それは、不動産を貸家にするという方法です。貸家にすると土地は貸家建付地となり、借地割合70％の地区で21％の評価減となります。建物は3割の評価減です。さらに小規模宅地等の特例で、貸付事業用宅地等として認められれば、200㎡までは50％の評価減と

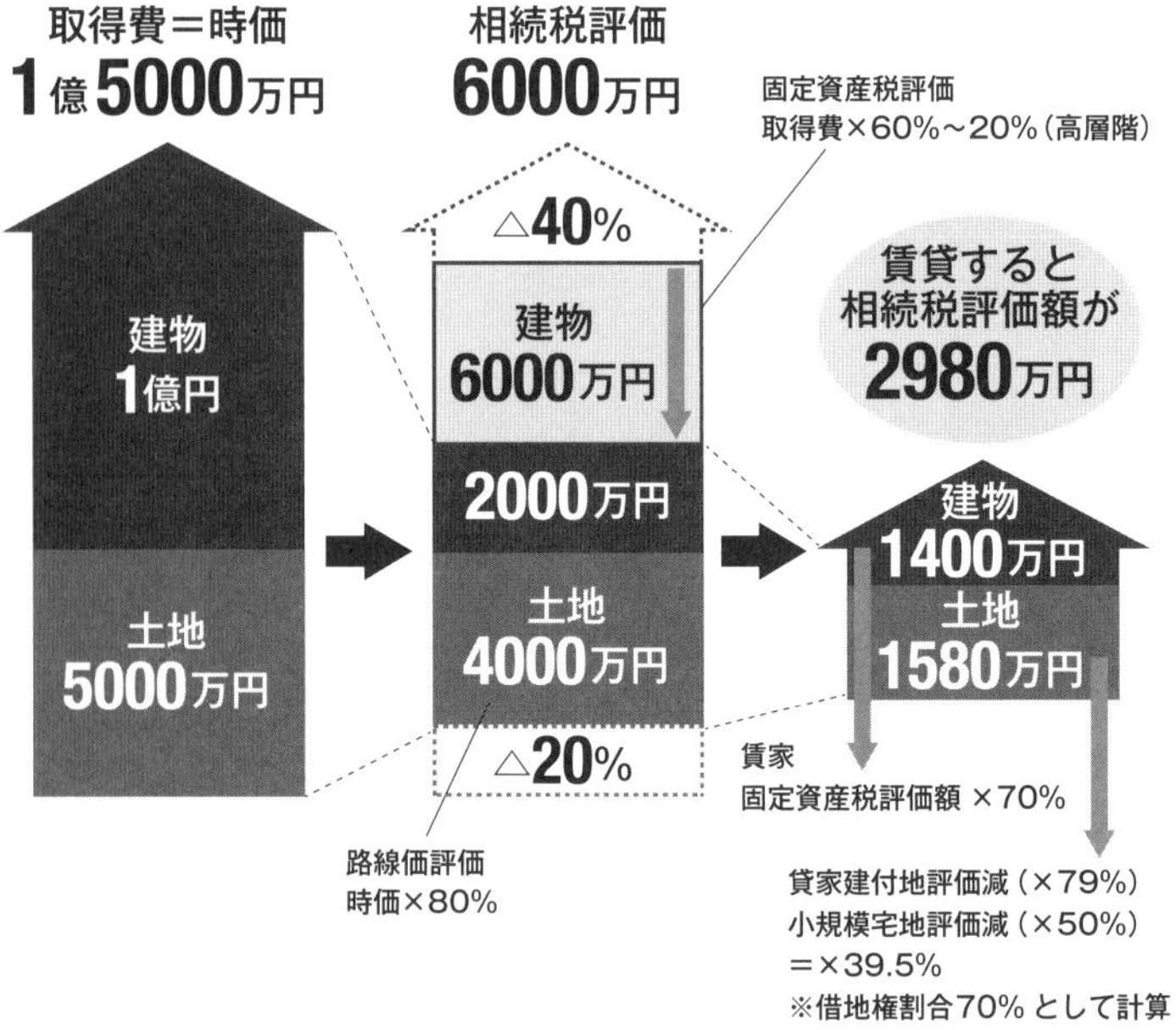

なります。こうした評価減を重ねていくと、最終的には取得価格の1／5まで評価を下げることが可能です。

ただし、貸家として賃貸する場合には、賃料に気をつけたいところです。管理費用が高い物件を購入してしまうと、賃料が高くなり、なかなか借り手が見つからないというケースもあります。相場を分析して、慎重に選ぶことが必要です。

タワーマンションの評価が認められない？

ここまでご紹介したタワーマンションの評価額の計算は、国が決めた評価のルール（財産評価基本通達）に則った計算方法です。しかし税務調査で、そのルールに則って評価することがふさわしくないと指摘されてしまうと、評価が覆されてしまい相続税対策が台無しになってしまいます。

タワーマンションを利用した節税についても、税務調査で不動産投資として購入したと認められず、租税回避をする目的にのみ購入したと指摘された場合には、そのタワーマンションは売買価額による評価額に修正を受けることになってしまいます。

国が定める財産評価のルールのなかには、そのルール自体を覆すことができるルール（総則6項）も備わっていることに注意が必要です。

Column

財産評価基本通達と総則６項

相続税法では、納税者が自ら税額を計算して申告する方式がとられています。そのため税額計算の基礎になる財産の価格（時価）は納税者が算定することになります。

しかし、納税者は土地や建物、株式を熟知したプロではありません。また、自由に評価した結果がまったくばらばらになってしまうと、不公平な課税になりかねません。そこで、相続税・贈与税を計算する際には国税庁が通達した「財産評価基本通達」に基づき財産評価を行うことになっています。

財産評価基本通達とは、課税庁が相続税を課税するときの財産評価の基本的な取扱いについて定めたものです。そのため、あくまで国税庁長官が税務署職員に向けた現場での指針として定めたもので、行政機関の内部指針という位置づけです。しかし実務上は納税者もこれにしたがって財産を評価することになり、相続専門税理士はこの財産評価基本通達というルールのなかで、相続税を減らすように対策を練ります。

財産評価基本通達第1章総則第6項には「この通達の定めによって評価することが著しく不適当と認められる財産の価額は、国税庁長官の指示を受けて評価する」という規定があります。「著しく不適当」という状況は、度が過ぎる租税回避行為の存在を理由として、評価通達による評価がふさわしくない状況であると考えられます。

第7章

「法人化」で たすきをより太く長くする

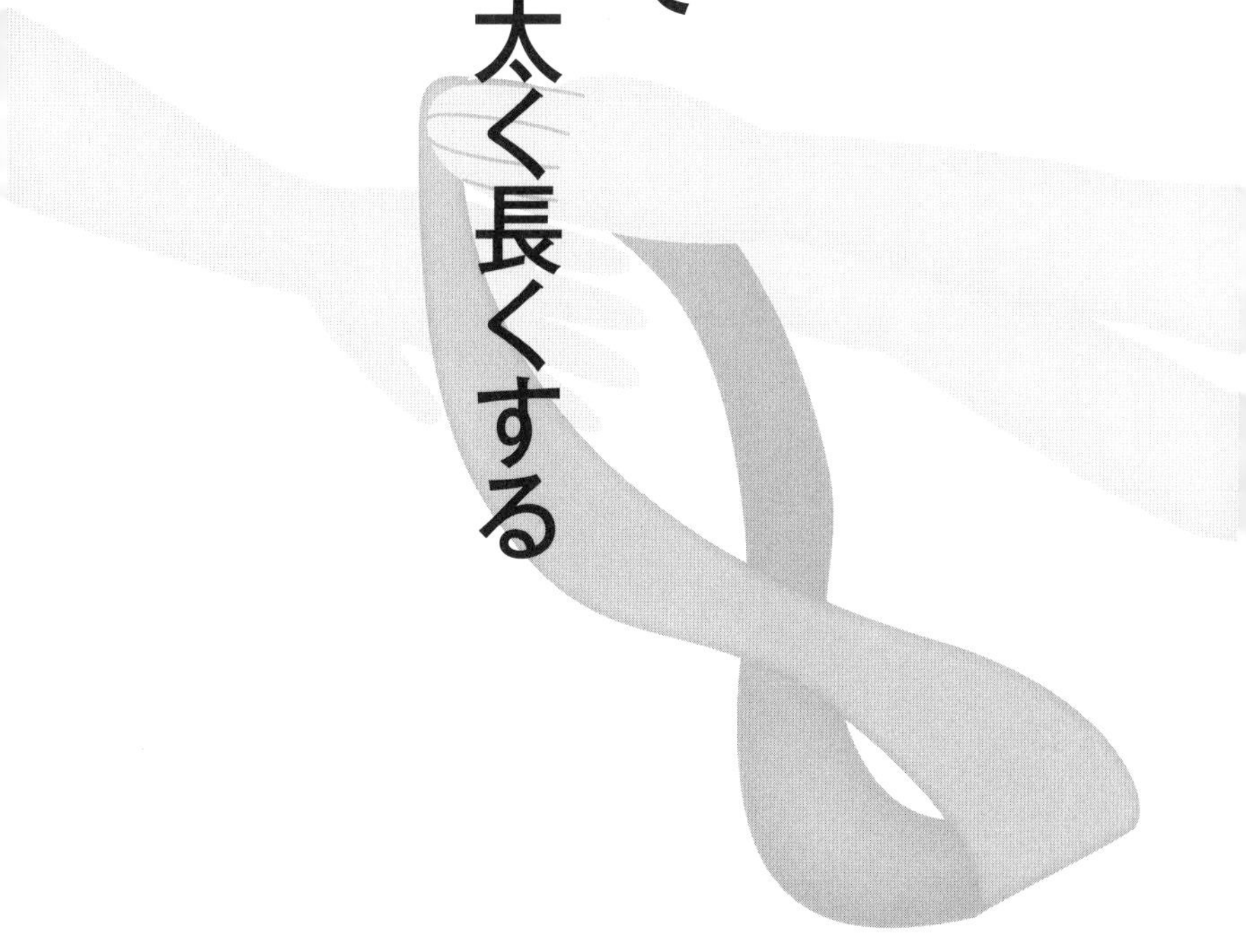

不動産所有法人を設立する4つのメリット

不動産所有法人は、特に駅周辺だけでなく、郊外にも複数の土地や不動産を持つ地主にとってメリットの大きい法人です。

不動産所有法人のメリットをいくつか挙げておきましょう。

メリット① 個人の税金よりも法人にかかる税金の方が安い

個人にかかる税金には、所得税と住民税があります。

この二つの税金は累進課税なので、所得が高くなれば高くなるほど税率が高くなるしくみになっています。たとえば、所得が1800万円を超える場合、所得税率の40%+住民税10%がかかり、所得の半分が税金として取られてしまうことになります。

一方、法人(資本金1億円以下)の場合、所得が800万円以下の部分については約23%、800万円を超える場合は約34%の法人税が課税されます。今後、政府の方針や国際競争力向上の観点から見ても、この法人税率は引き下げの方向に向かうと考えられています。

ただし、法人も維持費用がかかります。個人で不動産を所有したほうがいいのか、それとも法人で所有したほうがいいのかは、年間の収益や資産の保有状況によって大きく異なります。

メリット②　個人よりも法人の方が経費として計上できる対象の幅が広い

課税される所得は経費から差し引いて計算されるため、経費が多ければ多いほど課税される所得額を減らすことができます。ところが不動産所得の場合、個人では経費が認められないというケースが少なくありません。

たとえば、個人で不動産賃貸業を営んでいる場合、家賃収入や地代収入、駐車場の利用料収入などはすべて「不動産収入」となり、そこから必要経費を引くことができます。しかし、必要経費は収入を得るために使った費用でなければ認められません。

たとえば、大家さんであれば所有しているアパートやマンションの管理のために、車で巡回することもあると思います。当然、車の維持費としてガソリン代などがかかります。ところが、税務署に「所有物件の点検のために車が必要です」と言っても、「毎日車を使うわけではないので、「認められない」と言われることも少なくありません。そうすれば、その必要経費は認められることがなくなってしまうのです。

たとえば、月2回の頻度で物件を回っているのであれば、30日の中の2日だけなので、「自動車の使用にかかる費用の1／15の費用は認める」となります。なぜかというと、個人事業だとプライベートで使った分と、業務で使った分の区別が曖昧になりがちです。申告時には、プライベートで使った分を家事消費として区別するよう求められるので、すべてを必要経費として認められることがないのです。

土地や建物に関する経費も、同じように扱われます。たとえば、賃貸アパートの建物やその敷地の固定資産税は経費として認められますが、自宅やその敷地の固定資産税は経費ではありません。不動産所得の必要経費として、すべてをまとめて必要経費として申告すると、税務署から否認されてしまいます。

飲食代についても同様で、不動産会社の営業マンなどとの接待として、必要経費を申告しても認められるまで、誰といつ、何時間ぐらい行ったのかなどを聞かれるケースもあります。ところが、法人の場合は経費として認められるケースが広くなるのです。なぜなら、

「法人活動は基本的には営利のために行われる」と考えられているからです。

また、家賃も経費にできます。代表的なところでは、役員の自宅を社宅にして経費を増やすという方法があります。建物だけを法人に売却するのですが、この時に譲渡税が生じないように建物を原価（購入代金－減価償却相当額）で売却し、土地は移転させないようにします。そうすると建物が減価償却資産となり、法定耐用年数に応じて費用を毎年計上することができます。個人で持っていても固定資産税や火災保険なども経費計上できませんが、法人の資産にすればできるのです。

もちろん、社宅にすれば最低限の家賃を払う必要が出てきますが、その家賃も市場価格をかなり下回る超格安価格になることも多いのです。役員が新築で自宅を建てるときでも社宅にして、同じように減価償却資産を計上することができます。

さまざまな必要経費の中でも特に大きなものが、生命保険料を経費にできることです。

保険料の額に上限がないので、良識の範囲内で支払った保険料を経費にできます。相続における生命保険金は、役員の退職金の原資として活用できるだけでなく、死亡退職金として遺族が受け取ることもできます。

保険金の受け取り対象者を法人に設定するともちろん法人の収入となりますが、死亡退職金として遺族に支払われる分には、経費となるためかかりません。このように、法人化することによるメリットは非常に大きいと言えます。

メリット③　法人から支払う報酬によって、相続人に資産を分散できる

不動産賃貸業を個人事業で行う場合、その収入はすべて個人（被相続人）の所得となります。これは、別の見方をすれば、相続財産の増加につながります。収益が上がっている物件を所有していれば、個人の相続財産は年数を重ねるごとにどんどん増えていくことになるからです。

個人の所得には高額の所得税がかかり、さらに相続で高額の相続税がかかることになります。このような事態を防ぎ、賢く節税するためには、法人化した方がメリットは大きいのです。

個人（被相続人）が法人へ不動産を売却し、法人が不動産を所有することになれば、当然のことながら、賃料収入はすべて法人の収入となります。そこで、子どもなどの親族（相

続人）を役員とし、法人の所得を役員報酬という形で支払えば、相続財産を効率的に分配することができます。

もちろん、役員報酬には所得税が課税されますが、個人の時のように1人ですべての所得を得るわけではありません。たとえば、親族が5人いれば、所得は5人に分散されることになり、税率は低くなります。所得税と比べて高額な贈与税を支払うことなく、相続財産を将来の相続人に移転できる方法です。もちろん、役員報酬は仕事の対価として支払われるものですから、仕事をしている実態が必要です。しかし、従業員と異なり、労働の対価ではないので、経営に関与していることで役員報酬を支払うことができます。

メリット④　資産を株式に変換することで、効率的に相続人に資産を移転できる

もう一つ、相続財産を効率的に配分できる方法があります。

資産を株式会社の株式に変換し、相続人に配分することです。相続までに時間の余裕があれば、株価をコントロールして贈与する方法もあります。相続財産を株式化しておけば、さまざまな方法で株価を圧縮することができたり、場合によっては納税猶予も使うことができます。

株価をコントロールするためには、株式の評価方法を理解していないとできません。会社の株式を評価する原則的な評価方法は、おもに2つあります。

一つは、「類似業種比準方式」です。

その名の通り、評価しようとする会社と同業種で上場している会社の株価を評価基準とする方式です。基準とされる上場会社のデータは、国税庁が定期的に公表しています。

評価基準となる項目としては、「一株あたりの年間配当額」「一株あたりの年利益金額」「一株あたりの純資産価額」という3つの項目を比較し、その会社の株価を算定します。

平成29年度税制改正では、この3つの項目を1：1：1の割合で計算することになりました。そこで、「一株あたりの年間配当額」および「一株あたりの年利益金額」を圧縮することができれば、株価を下げることができます。一例として利益額を減らすために活用するのが、税務上許される範囲で役員に退職金を出すことです。

もう一つは、「純資産価額方式」です。

「総資産価額」「負債価額」「**評価差額に対する法人税額等に相当する金額**」「発行済株式総数」の4つの要素から算出する方法のことを言います。

株価を下げるためには、会社の資産の総額である純資産価額を減らす一方で、会社のすべての借金である「負債価額」と法人税として支払う金額である「法人税額等相当額」を増やすことになります。

では、どのように純資産価額を減らし、評価差額を増やすべきでしょうか？

次の3つの方法が考えられます。

①不動産を購入する
②減価償却費用を計上する（減価償却資産を購入する）
③生命保険に加入する

簡単な方法としては、「総資産価額については不動産を購入する」というのが有効です。

たとえば、1億円で購入した土地は、かなりの割合で1億円よりも低い評価額になる可能性があります。ただし、購入後3年間は時価で評価されるので注意が必要です。

もう一つは、減価償却費用を計上することです。

たとえば、工場に新しい機械を導入したり、事務所にパソコンを購入したりして、設備投資を積極的に活用します。

税務上、事業用に購入した設備は「少額減価償却資産」とならない30万円以上であれば、固定資産として計上し、毎年、減価償却費を計上していきます。長男に会社を引き継ぐ前にいろいろな設備を新しく購入し、より収益性を高めておくというのも創業者の責任かもしれません。

最後の一つは、生命保険を購入することです。

生命保険に加入することで、役員退職金の原資をつくると同時に、保険料を支払うことで利益を圧縮することができ、役員や従業員に万一のことがあった場合にも備えることができます。

ただし、保険料の契約者は法人として、被保険者を役員とします。このようにすることで保険料を損金算入し、利益を繰り延べることができます。資金に余裕のある会社は、複数の生命保険に加入することで利益をコントロールすることもできます。

なお、生命保険には掛け捨てのものもあれば、解約時に一定のお金が戻る解約返戻金が出るタイプなどがありますが、退職金の積立として生命保険を活用するので、解約返戻金のあるタイプを選択します。そして、満期時に返戻金が高くなるように設計すればいいのです。

たとえば、75歳で引退しようと考えているのであれば、その年齢に解約するつもりで返戻金を高く設定することで、その返戻金を退職金の原資とすることができます。もし、被保険者である社長が75歳になる前に死亡したとしても遺族には保険金が支払われますから、当面の資金繰りには困らないということになります。

株価を下げて効率的に相続人に移転できたケース

株価を下げて資産を移転した事例では、次のようなものがあります。

東北地方に住む70代の男性Fさんは、機械部品の製造会社を一代で築き、30年以上ずっと安定した経営を続けており、経営も好調でした。

しかしFさんは70歳を超え、健康にも自信がなくなったため、相続のことを私に相談しに来てくれたのです。Fさんには子どもが2人いて、長男が専務として事業をサポートしており、経理部門は奥さんが担当、次男は事業に一切関わっていませんでした。

会社の自社株を評価したところ、時価総額で5億円近くありました。株式の8割、4億円分は社長であるFさんが保有しています。経営権を安定させるために株式を長男に移転する予定ですが、このまま贈与すると2億数千万円という莫大な贈与税が課税されてしまいます。税率の低い相続税を支払って、長男に移転させるとしても1億5800万円の相続税がかかります。事業承継税制も検討しましたが、人員整理もしなければならない状況なので8割以上の雇用が確保できないということで、こちらも使えません。

この場合、株式の評価を下げて移転させる方法をとります。

どのように株の評価を下げるかといえば、基本路線は、会社の利益を減らすことです。

前述しているように、次の4つの方法が考えられます。

①役員に退職金を支払う
②不動産を購入する
③減価償却を計上する
④生命保険を活用する

このケースでは、主に①と④の方法を活用しました。

①の方法は、社長に許される範囲で最大限の退職金を支払います。まとまった額の退職金を支払うことで、会社の利益を一時的に減らすという方法です。

退職金は通常、最終月額報酬×勤続年数×功績倍率（2～3倍）で金額を決めるのが一般的ですが、この社長の場合は月額報酬が150万円でした。150万円×31年×3倍＝約1億4000万円となるため、1億4000万円の退職金を設定することにしました。

④の生命保険ですが、この社長は4000万円の保険に加入していました。何もせずに相続が発生すれば1億7000万円の相続税が課税されます。満期時の返戻金は4000万円ですから、1億3000万円足りません。対策として、長男が事業承継した段階で自分や家族、従業員のために生命保険に加入するということを提案しました。

次に、社長の退職金である1億4000万円の原資をつくる必要があります。

4000万円は、生命保険の解約返戻金を充当するとして、残りの1億円は、会社の資産である土地と建物の不動産で社長に支払う提案をしました。

調べてみると、会社の土地と工場の帳簿価額は2億5000万円でしたが、時価評価額を見てみるとちょうど1億円でした。会社としては、不動産で払う方が、資産を大きく減らすことができるので好都合だったのです。

つまり、時価評価額が1億円の不動産で支払うのですが、帳簿価額は2億5000万円ですから、差額の1億5000万円の損失を会社は計上できます。これで、過去の利益を減らすこともできます。社長の退職金として会社から出て行く現金はないにもかかわらず、保険の解約返戻金と、不動産で退職金を賄うことができるのです。

不動産で退職金を支払うことで、社長には会社からの賃料収入として毎月120万円の現金が入ります。会社を退いても、現役時代の月額報酬である150万円とさほど変わらない収入があることになります。老後の資金にも不安がありませんし、会社としても資金負担は変わりません。

こうした方法を採用した結果、会社の株価を5億円から数千万円まで減らすことに成功しました。あとは、相続時精算課税制度を活用して、長男に自社株を贈与すれば、税負担はゼロで贈与できます。

このほかにも、法人を活用した節税策として次の⑤～⑦が考えられます。

⑤個人に譲渡益が出ないように、法人に不動産を売却する

個人で所有している不動産を法人に売却する場合、個人に譲渡益が出ると、譲渡所得税が課税されます。しかし、建物を法人に売る時に売却価格を帳簿価額（残存簿価）にすることで、この譲渡所得税を軽減することが可能です。

帳簿価額とは、建物を購入した時の価格から減価償却相当額を控除して、その残った部分（未償却残高といいます）の価格をいいます。建物の法定耐用年数は木造か鉄筋かなどの条件でも変わってきますが、20年から47年で経年変化により価値が下がっていきます。ですので、建ててから時間が経った建物であればあるほど、法人が購入する価格は低くなります。

⑥個人から土地を格安で借りる

建物を帳簿価額で法人に売却すると、土地は個人所有となり、建物は法人所有となります。すると、その土地は貸地となり、法人には借地権が発生します。借地人である法人は、

地主である個人に対して地代を支払う必要が生じ、その分だけ個人の相続財産が増えるので対策をとる必要があります。

権利金は借地権割合で決定します。借地権割合は高いところでは8割や9割というところもありますが、低ければ3割というところもあります。住宅地では6割や7割というところが多くあります。

たとえば、1億円の土地があったとして、借地権割合を6割とすると、借地権は6000万円。通常、それくらいの額を借地人は権利金として地主に支払う必要があります。身内の会社なので、その金額を支払いたくない場合は、「**土地の無償返還に関する届出書**」を税務署に提出します。これは、「いつか立ち退く時には、借地権を無償で地主に返します、立ち退き料はいりません」という約束の書類です。これを提出しておくと、一律20%の借地権として処理され、地主が土地の80%の権利を所有し、法人が20%の権利を所有するということになります。その後、固定資産税額の2・5〜3倍の額の地代さえ個人に支払えば、権利金を支払う必要はありません。

⑦相続後、土地を3年以内に売却して相続税の納税資金を確保する

相続税額の取得費加算の特例を活用する方法です。個人が法人に土地を売却することで、納税資金を確保し、かつ譲渡所得税を軽減できるという内容です。

この特例は、相続人が土地を売却した場合、相続税の一部を譲渡所得の計算上、取得費に加算できるというものです。ただし、相続税の申告書の提出期限後（相続発生後10か月以内）から3年以内の売却でないと節税効果は低くなります。なお、法人に土地を買い取るだけの資金がなければ、金融機関から借り入れをすることになりますが、この時の利息も法人の経費にできます。

法人化していなければ、売却するまでに時間がかかり、譲渡所得税もかかるので、納税資金が迅速に確保できない可能性もあります。納税に困れば、延納の手続きを取らざるをえません。延納には利子税がかかり、年間1・6％（平成31年現在）です。利子税は経費にすることができませんから、単なる出費になります。

法人化すべきか、個人のままでいくべきか

相続対策のために法人化するといっても、すべてのケースに当てはまるわけではありま

せん。むしろ、資産状況によっては、法人化することで損をしてしまうケースもあります。法人化する最終目的は、あくまでも相続財産を次世代に残すことですから、何が何でもしなければいけないわけではありません。法人化には見極めのラインが必要です。

法人化の一つの目安は、不動産賃貸業の収入として年間5000万円以上、資産規模として3〜5億円であることです。資産が1〜2億円程度で、不動産賃貸業の収入も1000万円以下だと、法人化することで逆に維持コストが発生してしまうことがあります。ただし、資産や事業収入が低くても、法人化することで節税できるケースもありますので、相続税の専門家に相談しましょう。

法人化のデメリットはコストがかかること

個人から法人化するときの最も大きなデメリットは、費用がかかるということと、法人に不動産を譲渡するときに、登記費用や不動産取得税がかかるというコスト面です。ほかにも法人化することのデメリットがいくつかありますので、確認しておきましょう。

①株式会社の登記費用がかかる

株式会社を設立すると、登記費用として最低約25万円（電子定款認証を受ける場合には約21万円）かかります。設立登記を司法書士や行政書士などに依頼すれば、その費用が別途かかってきます。

②税務申告に関する事務処理が増える

株式会社にすれば、個人事業と比べ、税務申告に関する事務処理が増えます。それ以外に日々の帳簿付けや、法人税の申告、社会保険や労働保険の手続きなどの負担が増える可能性があります。

③交際費の上限が決まっている

資本金1億円以下の法人の場合、交際費は８００万円までが経費となります。個人事業は交際費に制限はありませんが、不動産所得のような不労所得に対し、税務署は収入との厳格な関連を必要経費に求めるため、交際費で経費を落とすことが難しくなります。

④赤字でも税金を支払わないといけない

個人事業と異なり、法人の場合では決算が赤字でも法人住民税を支払う必要があり、維持コストがかかります。他にも社会保険の加入が義務付けられており、会社が負担しなければならない保険料のコストがかかります。

これらの費用がかかりますが、法人化した方がコスト以上に節税効果が高いことがほとんどですので、コストを含めてきちんとメリットがあるかどうか、よくシミュレーションしておきましょう。

第8章

「遺言書」でたすきを確実に次世代へ手渡す

遺言書は未来への財産目録

たすきを次世代へ確実に渡すためには、やはり「誰に何をどれだけ遺贈するか」を書いた遺言書が必要になります。遺言書がなければ、相続人は被相続人の財産をもう一度調べ直し、遺産分割協議を経て遺産を分割するという手続きを取らなければいけません。それだけでも大変な仕事ですし、相続税の申告期限は、相続発生から10か月と定められているので、相続人には非常に重い負担となります。

やはり第一走者たる、被相続人が法律のルールに則った遺言書を残し、次世代へ確実にたすきを渡す手続きを取っておくことが重要でしょう。

遺言書には、「誰にどれだけ財産を分配するか」が細かく書かれています。つまり、遺言書は未来への財産目録といっても過言ではありません。いわば、子や孫、ひ孫たちの生活の基盤となる未来設計図をきちんと作っておくことがとても重要なのです。

遺言書がない場合、相続人同士で話し合いをする

被相続人が遺言書を残さなければ、相続人同士が遺産分割を協議しながら行います。

遺言書がない場合の遺産分割協議について、少し話をしておきましょう。

遺産分割協議は、相続人たちが相続財産の分配について、話し合いをします。税理士や弁護士などの専門家の同席は必要なく、相続人だけで決着がつくのであれば、家族会議のように気軽に集まって話し合うという形でも問題はありません。ただし、相続人だけで集まる場合には、話し合った内容を書面に記載しておくことを忘れないようにしてください。話し合った内容をもとに、法律文書である「**遺産分割協議書**」をまとめる必要があるからです。この文書は、相続人全員の実印を押印し合意を証明するものです。

遺産分割協議が相続人の間でこじれてしまい、そのまま相続税の申告期限が来てしまった場合、とりあえず財産は未分割にして、財産を共有するという形で、遺産分割を終える人たちも多いようです。ただし、共有という結論は、さまざまな点から見て、あまり良い

遺産分割協議書の例

被相続人田中太郎（令和1年10月1日死亡）の遺産について同人の相続人で協議を行った結果、次の通り分割することに同意した。

相続人田中二郎は、次の遺産を取得する。
(1)●●県●●市●●町●丁目●番
宅地 200.00㎡
(2)同所同番地所在 家屋番号●● 木造瓦葺2階建居宅
床面積 1階 60.48㎡
　　　 2階 59.63㎡

2、相続人田中花子は次の遺産を取得する
(1)●●銀行●支店 普通預金 口座番号00000000
金 50,000,000円

本協議書に記載のない遺産及び後日判明した遺産については、相続人田中二郎がこれを取得する。

以上のとおり、相続人全員による遺産分割協議が成立したことを証するため、本協議書を2通作成し、署名捺印のうえ、各自1通ずつ保有する。

令和2年4月10日

●●県●●市●●町●丁目●番　田中二郎
●●県●●市●●町●丁目●番　田中花子

対策ではありません。

たとえば、被相続人が母親、相続人が長男と次男のケースを考えてみましょう。長男は母親と自宅に同居しています。母親が亡くなって、相続がスタートすると、長男と次男で遺産分割協議が始まりました。しかし、折り合いがつかず、自宅を共有するという形で結論を出したとします。

長男は1／2、次男も1／2ずつ共有します。長男の持分である1／2の自宅の土地には、小規模宅地等の特例を適用することができます。これによって、長男の相続税負担は限りなくゼロに近づきます。一方、同居していなかった次男の土地の持分には、特例を適用することができません。更地の評価になるので、それなりの相続税が課税されることになります。

これでは、せっかく節税効果の高い小規模宅地等の特例も、共有することによって半減してしまいます。仮に長男が自宅の敷地をすべて相続しておけば、土地のすべてに特例を活用することができて、税負担を大幅に減らせたはずです。

共有は、あくまでも表面的な平等でしかないために、根本的な解決策にはなりません。次男は税負担によって、財産が減少していますから、長男への不平等感を募らせることも考えられます。また、将来的なことを考えれば、さらに関係が悪化することも考えられます。次男が自分の持分を売って、現金化したいと言い出したら、どうするでしょうか？次男から土地を購入するだけの現金がなければ、最悪の場合、長男は自宅を手放して、その資金を用意することも考えられます。これでは兄弟の関係は修復不可能になってしまいます。

もちろん、共有そのものが悪いわけではありませんが、もめごとを抱える可能性がある相続人同士の共有はできるだけ避けるのが賢明でしょう。

共有した不動産をいくらで売るのか

ここで、共有した相続財産を買い戻した事例を紹介しましょう。100年以上続く大地主の相続の案件です。

子どもは、長男、長女、次女の3人で、母親はすでに他界していました。代々、不動産はすべて長男が相続してきたのですが、いまは長子相続の時代ではありませんから、父親の不動産を子ども3人で共有しました。相続した土地は、先祖代々の土地で納税資金として一部の土地を売却しましたが、残りは相続対策でアパートが建っています。長男がアパートの賃貸経営を行い、家賃収入を3等分して配分していました。

長男は子どもが1人おり、自分が死んだ後の相続の行方を案じて、いろいろと対策を練っていました。長女は裕福な医師の家に嫁いだため、不動産の共有持分は、自分が死んだ後は、長男の子どもに遺贈させるということを約束していました。そんな折に、次女の夫が事業に失敗し経済的に困窮したため、共有持分を買い取ってほしいと長男に依頼してきました。

問題は、この共有持分の買い取り価格です。当然、適正な「時価」であるべきですが、その時価がどの価格で算定すべきかということは決められていません。

たとえば、路線価ベースで計算した相続税評価額は2億円程度でした。しかし、路線価は公示価格の8割程度と言われているので、路線価を1・25倍した2億5000万円の公示価格相当を時価とみなすケースもあります。

一方、そのアパートからどのくらい収益が上がるのかを計算する収益還元法で時価を計算すると、1億5000万円となります。収益還元価格は中古アパートの利回りをベースとします。実際に市場で販売したら、さらに低い価格になるかもしれません。

最終的に長男は、路線価をベースにした相続税評価額で買い取ることになりましたが、次女に色々な入れ知恵をする人がいて、公示価格相当の2億5000万円で買い取ってほしいというケースもあるかもしれません。そうした時に立場が弱い長男としては、買い取らざるをえないケースもあります。共有は持分を持っている人たちの発言権が強く、容易に売買できないので、なるべく避けた方がよいのです。

参考にしたい「マイケル・ジャクソンの遺言書」

ここで、遺言書の事例として、世界的エンターテイナー、マイケル・ジャクソンの遺言書を紹介したいと思います。彼の死亡時にはプラスの資産はなく、5億ドル（1ドル100円換算で約500億円）というとてつもない負債しかありませんでした。しかし、死後も、マイケル・ジャクソンには版権収入があります。

遺産管理団体であるマイケル・ジャクソン・エステートは積極的に版権収入のビジネスを拡大しました。ペプシコ社とアルバム『BAD』の25周年記念タイアップの契約を結んだり、シルク・ドゥ・ソレイユのマイケルをテーマにしたショーなどからの収入で、早々と負債を完済したと言われています。

マイケルは、自分の死後のことも自分の想いが残せるように、遺言書を準備していたことで知られています。亡くなる7年前に作成されたとされるマイケルの遺言書は、死後、インターネットで内容を誰でも見ることができます。

3億ドルと見積もられる資産のうち、20％は慈善団体に寄付することが明記され、40％を子どもたちに、さらに40％が母親に分配されています。

マイケルには3人の子どもがいますが、彼は子どもたちを健全に育成するために、全財産を一気に相続させることを避けました。年齢が上がるとともに、徐々に資産を分配すると遺言書に書いたのです。

まず、子どもたちが30歳になったら資産の3分の1を受け取ることができる、35歳で1／2を受け取ることができ、40歳になったらすべての相続資産を自由にすることができると書かれています。

母親が亡くなった場合、その資産はマイケルの子どもたちのものになり、父親や兄弟、元妻には遺産を遺しませんでした。日本では**遺留分**という、相続人が相続で最低限もらえる制度がありますが、アメリカには存在しません。この理由として、遺産の考え方の違いがあります。アメリカでは遺産を一つの法的な主体とみなして「**遺産財団**」が納税義務を負います。アメリカでは相続人の数に関係なく一括して課税されるというしくみです。それに対して日本では遺産分割で遺贈を受けた相続人各自が納税義務を負います。このため、相続人の人数が変われば、相続税額も変わります。

また、アメリカでは非課税控除枠が日本に比べて額が大きいことで知られています。2019年度では、1人あたり1000万ドル（約10億円）までが非課税で、配偶者と慈善団体の寄付については、どれだけ遺贈しても無税です。このため、遺言で思い通りに遺贈先や遺贈額を指定できるのが特徴です。

遺言書を残す方法は大きく分けて3つ

遺言書には、次の3つの種類があります。

①自筆証書遺言

遺言書の要旨

・遺産のうち20%は、彼の母親のキャサリン・ジャクソン、共同受託者であるジョン・ブランカ（彼の弁護士）とジョン・マクレーン（彼の友人の音楽関係者）が選ぶ慈善活動へ寄付する。
・その後、遺産税などを支払い、残った遺産のうち50%を、彼の子供3人に平等に、残り50%の遺産は、彼の母親に分配する。
・彼の母親に分配される遺産は、彼女のためのトラストに管理し、共同受託者が運営する。もし、彼女が死亡した場合は、遺産の残額は、マイケルの子供3人に平等に分配される。
・彼の子供3人に分配される遺産は、子供用に作ったトラストに管理され、共同受託者が運営する。
・子供が21歳になったちとき、トラストの収益は、すべて彼の子供に分配される。もし、子供が一般な生活をすることや教育を受けることについて、トラストからの収入では不足をすると共同受託者が判断したときにのみ、遺産である元本を分配する。
・彼の子供は30歳までに、遺産である元本の1/3を、35歳までに、遺産である元本の1/2を、残り遺産である元本は40歳の時に受取る。共同受託者が必要であると判断したときは、共同受託者がには、それ以上に分配できる権限が与えられる。
・もし、マイケルの母親や子供たちが、彼よりも早く死亡したときは、慈善活動へ寄付する29%以外は、マイケルの3人の従兄弟、マイケルの甥たちに、上記の子供たちへのプランと同じように分配される。
・彼の死亡時に子供が未成年であった場合、彼の母親が彼らの保護者・遺産管理者となる。母が亡くなるか、保護者になれない場合は、ダイアナ・ロスが保護者・遺産管理者となる。

②公正証書遺言

③秘密証書遺言

それぞれ説明していきましょう。

①自筆証書遺言

自分で書いた遺言書のことをいいます。この遺言書を書くときのルールとしては、遺言書の全文と日付、氏名は自分の手で自筆する必要があり、押印する必要があります。氏名は正確に書いてください。ペンネームなどの通称名や雅号などは認められません。

忘れがちなのは、「書いた日付を必ず入れること」です。日付の記載のないものは、遺言書として認められません。日付は西暦で書いても和暦で書いてもどちらでも良いのですが、「●年●月●日」と記載する必要があります。

自筆証書遺言を作成する場合、財産目録に誤字脱字がないように作成する必要があります。また書き損じがあった場合には訂正のしかたにも訂正印を押印する等のルールがあるので注意が必要です。これは数多くの財産を有している方にとって非常に手間のかかる作業です。

そこで民法が改正され、２０１９年1月13日以降に作成される自筆証書遺言の財産目録部分のみについては、自筆でなくとも良いことになりました。つまり財産目録をパソコンで作成したり、通帳のコピーを添付することで代用したりすることが可能になります。なお自筆以外の資料で代用する場合でも、各頁に自書で署名及び押印をする必要があります。

押印については、必ずしも実印である必要はありませんが、遺言書の信ぴょう性を高めるためにも、押印に使う印鑑は実印を押し、印鑑証明も同封することで正確を期すことができます。

遺言書は、原則として被相続人1人につき1通と決まっています。夫婦で連名した遺言書は無効になってしまうので注意が必要です。

なお、自筆証書遺言は、家庭裁判所で中身を確認する作業が必要になります。中身を確認する作業を「検認」と言いますが、検認の意味は2つあります。

ひとつは、相続人に対して遺言書の存在と内容を知らせるため。もうひとつは、遺言書の偽造や変造を防止するために、家庭裁判所が遺言書の形状や訂正などの状態、日付、署名など、検認をした時点の遺言書を保存するためです。

検認は、遺言書自体の有効性を判断するものではありません。しかし、検認を行って「検認証明書」を取得しないと、遺言書に基づいて資産を分割する時に不動産登記ができないなどの不都合が生じる可能性もあります。なお、検認証明書の発行は、家庭裁判所に遺言書を検認申請をしてから2か月ほどかかることもあるので、相続が発生してもすぐに遺言書通りに財産を配分できないというデメリットがあります。

2020年7月10日より遺言書保管法（通称）が施行されます。これは自筆証書遺言を法務局に保管する制度で、遺言者が申し出ることで保管の申請ができ、遺言者の存命中は遺言者以外の家族等は閲覧することができません。これにより、自筆証書遺言を紛失や隠匿から守ることができます。

法務局に保管する際に自筆証書遺言は画像データ化されるため、開封に伴う検認手続きは不要となります。

②公正証書遺言

「公証人」と呼ばれる法律の専門家が作成する遺言書のことです。私は、①から③までの遺言書のうち、この形をもっとも信頼性の高いものとしてお勧めしています。

書き方は、被相続人が各都道府県に存在する公証役場に赴いて、公証人に遺言書を作成してもらいます。作成方法は、公証人に対して被相続人が口述で遺言書の内容を伝えます。被相続人の体調が悪く、公証役場まで出向くことができない場合は、別途費用がかかりますが、公証人を自宅や病院へ呼ぶことが可能です。

遺言書の原本は、公証役場で保管されるため、紛失などの恐れはありません。また、相続が発生すれば、全国の公証役場で被相続人の名前を入力すると遺言書が検索できるようになっていて便利です。また、公正証書遺言の場合は、家庭裁判所による検認の必要もないので、スムーズに相続を進めることができます。

公正証書遺言を作成するには、必要書類と費用が発生します。必要書類は、遺言作成者である被相続人の印鑑証明書と実印以外に、被相続人と相続人との続柄がわかる戸籍謄本や住民票などが必要です。また、相続財産に不動産が含まれる場合は、登記簿謄本と固定資産評価証明書が別途必要です。

また、公正証書遺言の「証人」として、2人以上の証人が立ち会うことが必要です。証人の条件として、未成年者や成年被後見人、相続人になる可能性がある人、相続人の配偶者や直系血族など、被相続人と深い関係がある人は証人になることができません。証人を選出するのが難しい場合は、税理士もしくは弁護士、司法書士を選出するケースがよくあります。

公正証書遺言の手数料は、公証役場と公証人に対してそれぞれ支払うことが必要です。公証人の手数料は、被相続人の財産や相続人の数によって異なります。

公正証書遺言で注意しなければならないのは、専門家によって作成されたものであっても、公正証書遺言が作成された後に作られた自筆証書遺言に対し、優位性を発揮する効力はないということです。つまり、後から作られた自筆証書遺言が有効になるのです。

③秘密証書遺言

秘密証書遺言とは、遺言の内容が公証人にも知られない遺言のことです。遺言の内容を記載した書面は、事前に被相続人が作成し、封をしたものを公証人に提出します。公証人および2人以上の証人が、その遺言書が本人の手で書かれたものであることを確認するという手続きとなります。なお、遺言書は自筆である必要はないため、ワープロなどで書くことも可能ですが、署名と押印は自分でする必要があります。秘密証書遺言では、遺言書の内容は知られることはありませんが、公証人が確認するのは遺言の「存在」だけで内容までは確認しないため、法律的な不備で無効となる可能性があります。また、家庭裁判所の検認が必要となります。

残された家族ともめずに仲良くすることが何より大事

リレーで相続財産を受け継いでいくには、相続人同士がもめていないということが大前提になります。相続がスタートする前から相続人同士で争いが起きている場合、遺産承継がスムーズにいかなくなり、次世代に資産を引き継ぐどころではなくなってしまいます。ですので、被相続人が生きているうちに、相続人同士の争いやいがみ合いを解消しておくことが必要です。

相続人同士の協調が難しければ、遺言書で相続人の遺留分を侵さずに、財産の分割を指定することもできます。また、長男・長女に自宅や事業を相続させる代わりに、現金で他の親族の相続分を代償させる代償分割という方法を採用することもできます。

いずれにせよ、事前にとりかかることで相続人の間での調整もしやすくなるはずです。

おわりに ―― 高齢化社会のいま、「駅伝式相続」がより有利になる！

日本は、これから本格的な高齢化社会を迎えます。２０１８年の内閣府調査では、65歳以上の高齢者は過去最高の３５５８万人。毎年１００万人以上の規模で65歳以上の人口が増えています。平均寿命は毎年のように伸び、男性は81・09歳、女性は87・26歳となっています（２０１７年厚生労働省調べ）。

高齢化は、相続にはどのような影響を与えると考えられるでしょうか。

高齢者が増えると、当然、相続の機会がいままで以上に増えることとなります。一次相続から間もなく二次相続と、休む暇もなく相続を経験することもあるかもしれません。結婚していれば、パートナーの相続も経験することになるでしょう。親が都内や地方都市の主要駅近くに自宅を所有している場合、必然的に相続について考えざるをえません。相続が自分や家族の将来を考える上で、とても重要で身近な問題として捉えられる機会が増えてくるに違いありません。

その一方で、相続までの期間が長期間になりますから、相続をするまでに体力が衰え、意思能力が低下することもあるでしょう。そのような状態になると財産の管理も難しくなり、ちょっとした行き違いから兄弟姉妹の「争続」になるかもしれません。最悪の場合、裁判沙汰にもなりかねません。

しかし、相続までの期間が長期化するということは、別の視点から考えるとメリットになります。自分の意思がはっきりしている時から、築き上げてきた財産を次世代につなげるために、どうすればいいのかを考える時間がたっぷりあるからです。誰にどれだけ財産を相続させるのか、相続人へ意思を伝えながら財産を相続していくことができます。その意思をきちんと遺言書という形で文書化しておけば、さらに安心でしょう。

自分だけで抱え込まず、相続人たちにも協力してもらいながら長い目線で相続していく。それが私の提唱する「駅伝式相続」の真骨頂なのです。

相続を苦いものにしないために、まず実践すべきことがあります。それは、自分のビジネスしか考えていない金融機関や不動産会社、相続に対して経験が浅く、何の戦略も持たない顧問税理士に相談するということを止めることです。正しい判断が下せる専門家に相談し、的確な戦略の下、本当に信頼できる親族に協力してもらう。それが、これからの時代の相続のスタンダードになる「最強の相続」だと私は考えています。

し、被相続人名義の預貯金や不動産などの名義変更にも必要になる。

・遺留分（p181）
民法で定められている、一定の相続人が最低限相続できる財産。

・遺産財団（p182）
アメリカでは、被相続人（亡くなった人）が遺産税を払うしくみになっている。そのため、故人を代理する遺産財団が作られる。この財団は、故人の債権債務を精算し、財産の分配処理や相続に関する税金の納付などを故人に代わって行う。財団は亡くなった時に設立され、財産が相続する人に渡り、申告手続きが終わるまで存続する。

第7章

・不動産所有法人（p154）

不動産を所有し、賃貸業などを営む法人のこと。

・評価差額に対する法人税額等に相当する金額（p160）

「相続税評価額による純資産価額」から「帳簿価額による純資産価額」を控除した残額に「法人税、事業税、道府県民税および市町村民税の税率の合計に相当する割合」（「法人税率等の合計割合」）をかけて計算した金額。平成28年４月１日以降の相続・贈与から法人税率などが引き下げられたため、37％に改正された。

・土地の無償返還に関する届出書（p168）

借地権で土地を借りている時に、「立ち退き料はいりません」と届け出るもの。この届出を行っている場合には、土地を借りている権利金に対して課税されない。

第8章

・遺産分割協議書（p175）

遺言がなかった場合、相続人が遺産の分け方を相談する、遺産分割協議の内容を書いたもの。相続人全員の合意を明確に

・NISA（p127）
少額投資非課税制度。毎年決まった投資枠内で、上場投資や投資信託の配当金や値上がり益を非課税にできる。

・ジュニアNISA（p128）
未成年（0〜19歳）を対象に、年間80万円分の非課税投資枠から得られた譲渡益、分配金・配当金に対して、税金が非課税になる制度。

第6章

・譲渡所得（p140）
所得税における課税所得の区分の一つ。資産の譲渡（建物または構築物の所有を目的とする地上権または貸借権の設定その他契約により、他人に土地を長期間使用させる一定の行為を含む）による所得をいう。

・貸付事業用宅地（p143）
貸付事業（不動産貸付業・駐車場業など）用に使用されていた土地。

・タワーマンション（p147）
20階建て以上の超高層マンションのこと。通常、階数が上がれば上がるほど価格が高くなる。

・贈与契約書（p117）

財産の贈与を確約するため、贈与者と受贈者の間で交わす書類のこと。名義預金とみなされないよう、贈与の事実を残すために作られることが多い。

・固定資産税評価額（p118）

総務大臣が決めた「固定資産評価基準」をもとに、市町村が定めているもの。固定資産税や都市計画税、不動産取得税、相続税、登録免許税を計算するのに必要で、原則３年ごとに見直されている。土地が公示価格の70％、建物が建築費の50～70％を基準としている。

・結婚・子育て資金の一括贈与に係る贈与税の非課税措置（p121）

将来の経済的な不安が、若い世代に結婚や出産を躊躇させる原因になっていることをふまえ、両親・祖父母の資産を早期に次世代に移し、子や孫の結婚・出産・子育てを支援するため贈与した時、子・孫ごとに１０００万円までが非課税になる制度。

・おしどり贈与（p124）

婚姻期間が20年以上の夫婦の間で、居住用不動産またはその不動産を取得するための金銭の贈与が行われた場合、基礎控除１１０万円のほかに最高２０００万円まで控除（配偶者控除）できる特例。

・縄のび（p94）
実測面積が公簿面積より大きい場合をいう。

・縄ちぢみ（p94）
実測面積が公簿面積よりも小さい場合をいう。

・税務調査（p99）
税務署の税務調査官が、申告した納税額が正しく申告されているかどうかを、帳簿などを見て確認し、誤りがあれば是正する一連の調査のこと。相続税の税務調査は、申告した年から３年以内に行われることが多い。

第5章

・3年内贈与加算（p116）
相続などにより財産を取得した人が、相続開始日から３年以内に贈与を受けた財産がある時は、相続財産に加算するというルール。

・名義預金（p117）
形式的には家族の名前で預金しているが、実質的には真の所有者がいる、つまり親族に名義を借りているに過ぎない預金のこと。

・相続放棄（p81）

相続を放棄すること。相続開始日から3か月以内に家庭裁判所に認められる必要がある。相続放棄をすると、放棄した人は最初から相続人でないものとして扱われる。

・小規模宅地等の特例（p83）

相続した財産が居住用または事業用に活用されている宅地の場合、一定の面積までは評価を下げるという特例。

・争続（p83）

相続人の間で遺産の奪い合いになってしまう相続のことの通称。

・遺産分割協議（p84）

遺言書がない場合、相続人同士で遺産分割の話し合いをすること。話がまとまったら遺産分割協議書にまとめる。

・不動産管理法人（p87）

不動産の管理業務だけを行う法人のこと。

第4章

・旗竿地（p92）

旗のような形の不整形地。L字型の土地の形状をしており、市場で売買しにくい。

・受取人の固有の財産（p70）
生命保険の保険金のこと。相続財産は相続人同士で分割する必要があるが、生命保険は受取人を指定することができるため、こう呼ばれる。

・一時払い終身保険（p71）
一括で支払う終身保険のこと。相続の時期が近い場合に、相続財産を減らす手段として活用できる。

第3章

・単純承認（p81）
相続することを意思表示すること。相続の開始を知った日（以後、相続開始日）から3か月後、特に何もしなければ単純承認となる。単純承認をすれば、被相続人の権利を無限に受け継ぐことになるので、プラスの財産だけでなく、マイナスの財産も受け継ぐことになる。

・限定承認（p81）
相続財産のうち、マイナスの財産をプラスの財産で弁済したのち、余ったら相続をするというもの。相続開始日から3か月以内に、家庭裁判所に対して限定承認の申し立てを行い、審判を受ける必要がある。なお、他に相続人がいる場合は、他の相続人と全員で限定承認の申し立てを行う必要がある。

・相続人の排除（p62）
相続する権利を奪う手続きのこと。相応の理由と、家庭裁判所における審判または調停が必要になる。

・遊休地（p64）
住宅や駐車場などにどのような用途にも使われていない土地のこと。

・貸家建付地（p64）
貸家の目的とされている宅地のこと。所有する土地に、建築した家屋を他に貸し付けている場合の土地をいう。

・借地権割合（p64）
土地の価格に占める借地権の割合のこと。地価の高い地域ほど、その割合が高くなる。例えば、東京都心の商業地では80〜90%、住宅地では60%〜70%など。

・サブリース契約（p68）
又貸し契約のこと。所有者の賃貸物件を不動産会社が一括で借り上げ、転貸することで空室が出ても家賃を支払う家賃保証契約となっている。

・みなし相続財産（p70）
本来は相続財産ではないが、被相続人の死亡を原因として相続人に入ってきた財産のこと。相続財産ではないため、遺産分割の対象にはならないが、相続人には相続税が課税される。

が窓口になると法律で定められている「教育資金贈与信託」、毎年１１０万円までの非課税贈与の代行を行う「暦年贈与信託」、非課税枠や納税資金の準備などに便利な生命保険の発売、遺品整理や相続人を調べる戸籍収集まで行っている金融機関もある。

・遺言信託 (p62)

信託銀行のサービスの一つ。信託銀行が遺言通りに相続財産分割の執行者となるしくみ。ただし、執行するだけなので、遺産の分割内容に相続人が納得しない時には最悪の場合、民事裁判になることもある。もちろん、遺言信託のサービスの中には節税対策などは入っていない。

・遺言書 (p62)

被相続人が相続財産の分割方法を書いたもの。遺書ではない。遺言書がなければ、相続人同士で遺産分割協議を行って、相続財産を分割する必要がある。自分で書く「自筆遺言」は裁判所の「検認」とよばれる作業が必要。公証人役場（出張依頼もできる）で公証人が被相続人の代筆をする「公正証書遺言」と「秘密証書遺言」では、裁判所の検認は必要ない。

・相続人の認知 (p62)

当事者を相続人として認めること。遺言書による認知の市町村への届け出は、遺言執行者しかできない。執行者の指定がない場合は、家庭裁判所で遺言執行者を選任する必要がある。

・相続時精算課税（p53）

60歳以上の父母または祖父母から20歳以上の子・孫への生前贈与について、子・孫の選択により利用できる制度。贈与時には、贈与財産に対する軽減された（２５００万円の特別控除あり）贈与税を支払い、その後相続時にその贈与財産とその他の相続財産を合計した価額をもとに計算した相続税額から、すでに支払った贈与税額を精算する（ただし、この制度を利用した場合、贈与税の基礎控除（１１０万円）の利用はできない）。

・相続が三代続くと財産はほとんど残らない（p53）

相続税の高さを表す言葉。相続税は課税される遺産額が高ければ高いほど、税率が高くなる累進課税。仮に６億円超の相続財産があった場合、55％の税率が課税される。相続人の控除を考えずに計算すると、相続人の子どもだけに相続する場合、税引き後の相続財産は２億７０００万円に。さらに子どもから孫へ相続される場合は、１億４８５０万円となり、約１／６に減ってしまう。さらにその子どもであれば、８０００万円弱まで下げられてしまう。

第2章

・金融機関が販売している金融商品（p61）

相続を考える人が最初に相談するのが、自分の取引金融機関。それに合わせて商品をラインナップしている。遺言書の作成から保管、遺言執行まで行う「遺言信託サービス」、金融機関

・暦年課税制度（p46）

その年の１月１日から12月31日までの１年間（暦年）に贈与してもらった財産が１１０万円（基礎控除額）以下なら贈与税の申告が不要な制度のこと。

・遺贈（p47）

遺言によって、遺言者の財産を相続人や相続人以外の人に相続財産を与えること。

・教育資金の一括贈与に係る贈与税の非課税制度（p49）

平成25年度税制改正により新設された、直系尊属（曽祖父母・祖父母・父母）からひ孫・孫・子への授業料などの教育費を贈与した時、期間限定（平成25年４月１日～令和３年３月31日）で非課税にする制度。

・事業承継（p50）

会社の株式を通じて、会社の経営を後継者に引き継ぐこと。

・納税猶予（p51）

税金を支払うことを先送りすること。

・代償分割（p51）

遺産を受け取れなかった相続人に対し、金銭で補う分割方法。

・不整形地（p39）

正方形や長方形などの整形地ではない土地のこと。L字型や三角型の土地では、土地としての利用が難しくなるため資産の評価額だけでなく、取引価格も低くなる傾向がある。不整形地として認められれば、不整形地補正率を乗じて相続財産評価を下げることが可能。

・地積規模の大きな宅地（p39）

その地域における標準的な宅地の土地の面積に比べ著しく土地の面積が広い宅地で、三大都市圏においては500㎡以上の地積の宅地、三大都市圏以外の地域においては1,000㎡以上の地積の宅地をいいます。

・法定相続人（p44）

法律によって決められた相続財産を継承する人のこと。一般的には被相続人の配偶者と子ども。

・生前贈与（p45）

被相続人が生きている間に、相続人などに財産を贈与すること。

・暦年贈与（p45）

1月1日から。12月31日までの1年間に贈与を受けた財産額を合計して贈与税額を計算する。

・相続専門税理士（p36）

相続税を専門に扱っている税理士。一般的な企業の顧問税理士は法人税専門。相続税の申告や節税には不動産の財産評価や企業の財産評価が必須となり、豊富な経験も必要になる。相続税の申告や節税には、相続税申告の経験のある税理士に依頼する方が良い。

・一次相続（p37）

子どもが法定相続人だった場合、両親どちらかが亡くなって発生する１回目の相続のこと。多くの場合、配偶者控除を活用できるため、相続税は軽減される。

・配偶者の税額軽減規定（p37）

相続財産の総額が１億６０００万円か、配偶者の法定相続分（財産の１／２）かどちらか多い金額までは課税されないという制度。この制度のおかげで、１次相続では、ほとんどのケースで配偶者には相続税は課税されない。

・二次相続（p37）

両親のうち、二人目が亡くなった時に発生する相続。相続財産が基礎控除を超えて相続税が課税される場合、一次相続を配偶者控除で乗り切っても、二次相続では課税される可能性が高い。本格的な相続対策が必要になる。

第１章

・基礎控除（p28）

課税される税額から、一定額を相続税の非課税枠とする制度、基礎控除が多ければ多いほど、課税される税額は少なくなる。相続税の基礎控除は、３０００万円＋（６００万円×法定相続人の数）

・被相続人（p29）

相続財産を残して亡くなった人のこと。通常、法定相続人が子どもだった場合、亡くなった親が被相続人となる。

・路線価（p30）

道路に沿って接している土地の１㎡あたりの評価額のこと。相続税や贈与税で資産の評価をする時の土地評価に用いられる。通常、路線価は、土地取引の公的な指標になる「公示価格」の80%が目安とされる。

・物納（p35）

土地を含む「現物」で相続税を支払うこと。相続税は、税金を納税する時期を遅らせる手続き「延納」（所定の金利が課税される）によって現金で納税することが認められている。しかし、それでも支払えないという場合は、納税者の申請で、その納付を困難とする金額を限度として一定の相続財産による物納が認められている。

用語集

著者紹介

田中 誠（たなか・まこと）

相続専門税理士・税理士法人エクラコンサルティング代表社員
横浜国立大学経営学部卒業。元税理士法人タクトコンサルティング代表社員。慶応義塾大学講師を経て、2011年、税理士法人エクラコンサルティング／株式会社エクラコンサルティング設立。タクトコンサルティングで20年にわたり、全国の税理士・会計士と共同案件を実践してきた経験を生かし、現在も相続・譲渡・交換・事業承継・土地活用・M＆Aなどに関する実務及び企画、研究、講演、執筆を日本全国で精力的に行っている。

お金持ちのための最強の相続
[改訂新版]

2020年4月30日　初版第1刷発行

著　者　田中　誠
発行者　小山　隆之
発行所　株式会社実務教育出版
163-8671　東京都新宿区新宿1-1-12
http://www.jitsumu.co.jp
電話　03-3355-1812（編集）　03-3355-1951（販売）
振替　00160-0-78270

企画協力　樺木宏（プレスコンサルティング）
編集協力　宇治川裕
装　　丁　ISSHIKI（デジカル）
D　T　P　株式会社マイセンス
イラスト　中島直子

印刷所／壮光舎印刷　製本所／東京美術紙工

ISBN978-4-7889-0906-9　C2076